APRENDER A SER RAPARIGA, APRENDER A SER RAPAZ:
TEORIAS E PRÁTICAS DA ESCOLA

LUÍSA SAAVEDRA

APRENDER A SER RAPARIGA, APRENDER A SER RAPAZ:
TEORIAS E PRÁTICAS DA ESCOLA

APRENDER A SER RAPARIGA, APRENDER A SER RAPAZ:
TEORIAS E PRÁTICAS DA ESCOLA

AUTORA
LUÍSA SAAVEDRA

EDITOR
EDIÇÕES ALMEDINA. SA
Rua da Estrela, n.º 6
3000-161 Coimbra
Tel.: 239 851 904
Fax: 239 851 901
www.almedina.net
editora@almedina.net

EXECUÇÃO GRÁFICA
G.C. – GRÁFICA DE COIMBRA, LDA.
Palheira – Assafarge
3001-453 Coimbra
producao@graficadecoimbra.pt

Junho, 2005

DEPÓSITO LEGAL
228114/05

Toda a reprodução desta obra, seja por fotocópia ou outro qualquer processo,
sem prévia autorização escrita do Editor
é ilícita e passível de procedimento judicial contra o infractor.

*Para a minha filha,
companhia e companheira de 14 anos*

INTRODUÇÃO 9

CAPÍTULO 1 – FEMINISMOS NA EDUCAÇÃO

Olhares Históricos sobre os Feminismos: Encontros e Desencontros 13

Olhares Feministas sobre a Escola 17
Feminismo Liberal e Educação 20
Feminismo Radical e Educação 23
Feminismo Socialista e Educação 26
Feminismo Pós-Estruturalista e Educação 28

Conclusões 35

CAPÍTULO 2 – GÉNERO E IDENTIDADE(S) NA ESCOLA

Um Género, uma Identidade: A Essência do Masculino e do Feminino 37

Da Unicidade à Multiplicidade de Identidades 42
Masculinidades Hegemónicas e Subordinadas 46
Múltiplas Identidades: Ilustrações em Contexto Escolar ... 50
Estudos sobre Construção de Masculinidades na Escola 50
Estudos sobre Construção de Feminilidades na Escola 57

Conclusões 71

CAPÍTULO 3 – ASSIMETRIAS DAS RELAÇÕES DE GÉNERO NA ESCOLA

Violência e Assédio Sexual 74

8 *Aprender a ser rapariga, aprender a ser rapaz: teorias e práticas da escola*

Hierarquização do Conhecimento 77

    A Matemática 79

    As Ciências.. 83

    O Desporto e a Educação Física... 88

    As Línguas e Literaturas 92

Transmissão de Ideologias de Género através dos Manuais Escolares 94

    Conclusões 103

CAPÍTULO 4 – REFLEXÕES FINAIS: EQUACIONANDO OS DESAFIOS

Políticas educativas 106

Profissionais de educação e encarregados de educação 107

INTRODUÇÃO

Na Declaração de Pequim, aprovada na IV Conferência Mundial das Nações Unidas sobre as Mulheres, afirma-se a dada altura:

> "o progresso das mulheres e a realização da igualdade entre mulheres e homens são matéria de direitos humanos e condição de justiça social, e não devem ser considerados isoladamente como uma questão das mulheres. São a única forma de se construir uma sociedade sustentável, justa e desenvolvida" (Plataforma de Acção de Pequim, 1995, p. 35).

Esta é uma ideia central que preside à elaboração deste texto. O que se procura é trazer para a ribalta temas que possam contribuir para desmistificar a concepção de que a promoção da igualdade de género gira unicamente em torno das problemáticas femininas. Ao longo do texto, defende-se o pressuposto de que as questões de género, são uma área que diz respeito às relações entre homens e mulheres e entre rapazes e raparigas e que se reflectem em outras categoriasas sociais, tais como as da raça/etnia e as classes sociais, para referir unicamente as que serão alvo de análise mais detalhada ao longo desta obra.

Porquê dedicar um livro à questão da igualdade de género na escola, quando, aparentemente, nas sociedades ocidentais, essa igualdade parece ter sido alcançada? Quando na maior parte destes países, as raparigas alcançaram um maior acesso ao ensino superior do que os rapazes? Este acesso ao ensino parece ser, com efeito, considerado por muitos como o principal índice de igualdade de género.

De facto, a educação das raparigas e mulheres foi uma das primeiras grandes questões porque se bateram os primeiros movimentos feministas em todo o mundo, incluindo Portugal (Magalhães, 1998; Silva, 1992).

Embora as questões abordadas ao longo desta obra digam respeito a sociedades ocidentais onde, na maior parte dos casos, o número de

10　*Aprender a ser rapariga, aprender a ser rapaz: teorias e práticas da escola*

rapazes e raparigas na escola é equitativo, não será de mais lembrar que existem ainda países, sobretudo na África subsariana e na Ásia central, onde os elementos do sexo feminino não possuem qualquer tipo de escolaridade. Em 1995, por exemplo, de 100 milhões de crianças analfabetas, 60 milhões eram raparigas, enquanto mais de dois terços do total de analfabetos (cerca de 960 milhões) pertenciam ao sexo feminino (Plataforma de Acção de Pequim, 1995).

Nas nossas sociedades ocidentais, as desigualdades de género na escola subsistem (mais nuns países do que noutros), fundamentalmente, ao nível dos currículos e dos materiais pedagógicos (particularmente nos programas de ciências), bem como nas relações estabelecidas na sala de aula entre professores/as e alunos/as, as quais reforçam as tendências discriminatórias presentes nos currículos e nos materiais pedagógicos acima referidos. As desigualdades não têm, contudo, apenas consequências negativas para o sexo feminino, mas também para o masculino. Pensamos, pois, que uma educação baseada nos princípios de igualdade entre os géneros beneficia tanto os rapazes como as raparigas e conduzirá a relações mais igualitárias na vida adulta.

Tendo em conta, contudo, as mais recentes abordagens feministas, não podemos deixar de considerar que as raparigas não são apenas diferentes dos rapazes, mas que existem também diferenças entre elas, bem como entre os rapazes entre si. Neste sentido, quando falamos de igualdade de género, não podemos deixar de focar que é igualmente importante estar atento à promoção da igualdade entre as raparigas entre si, bem como à igualdade entre os rapazes, não querendo, contudo, diluir as necessárias diferenças que importa manter.

Levando em consideração os princípios acima referidos, dedicaremos o capítulo 1 a uma introdução às várias abordagens feministas, acentuando os pontos de contacto e as divergências entre elas, o que nos leva a optar pelo uso da palavra "feminismo" no plural. Serão, ainda, referenciados os momentos mais marcantes do movimento feminista, para, em seguida, analisarmos os principais impactos das várias perspectivas feministas para a educação em geral e para a escola em particular.

A identidade tem sido um tema central tanto na psicologia como na psicologia social e na sociologia, embora com diferentes enfoques. Este tema veio também a ocupar o centro das atenções no que diz respeito à feminilidade e à masculinidade. O que é ser feminino ou masculino e o que distingue os homens das mulheres (quer através de atributos de personalidade e comportamentos, quer através de papéis socialmente atribuídos a um ou outro sexo), constituiu uma das principais preocupações dos investigadores e das investigadoras, desde meados dos anos 50 até aos anos 80. A partir de então, a questão do ser masculino e feminino granjeou novas abordagens. É a estas diferentes perspectivas que será dedicado o capítulo 2, no qual será dado, ainda, especial relevo ao impacto das abordagens mais recentes sobre a identidade de género nos estudos levados a cabo em contextos escolares. Aqui se analisa como as identidades que os alunos e alunas levam para a escola, produto de um determinado ambiente social familiar, são negociadas com as expectativas da escola e o impacto destes aspectos no rendimento académico.

Finalmente, o capítulo 3 pretende ilustrar as diferentes formas de que se podem revestir as assimetrias de género na escola, desde a violência e assédio sexual, passando pelo currículo e pela linguagem.

Enquanto o capítulo 2 acentua, sobretudo, as várias diversidades que caracterizam o masculino, por um lado, e o feminino, por outro, o capítulo 3 sublinha, predominantemente, os aspectos que de uma forma global distinguem rapazes e raparigas, independentemente das diferenças que existam ente eles e elas.

Finalmente, terminar-se-á com algumas considerações gerais e sugestões para o futuro.

CAPÍTULO 1

FEMINISMOS NA EDUCAÇÃO

OLHARES HISTÓRICOS SOBRE OS FEMINISMOS: ENCONTROS E DESENCONTROS

O feminismo nasceu essencialmente como um movimento da classe média, focando-se quase exclusivamente nas semelhanças entre as mulheres e no seu desejo de serem iguais aos homens (Phillips, 1996).

Os primeiros movimentos feministas (habitualmente designados de "primeira vaga"[1]), que ocorrem sensivelmente a partir de 1850, estão associados ao aparecimento do liberalismo e ao protestantismo do século das Luzes. Por esta razão, estas primeiras manifestações feministas assentam em ideais sobre direitos naturais, justiça, democracia e individualidade. Tendo em conta a sua origem, não é de estranhar que fossem movimentos liberais, burgueses e altamente individualistas que se preocupavam com os direitos civis, políticos, a educação e o emprego das mulheres da classe média (Banks, 1986; Rowbotham, 1992; Weiner, 1994).

Na época histórica que marcou o início do feminismo, todas as mulheres eram vítimas de opressão, mas enquanto as mais pobres estavam expostas à degradação económica, a situação das mais ricas caracterizava--se por estarem reduzidas à passividade e humilhação (Phillips, 1996a).

Os antecedentes do movimento feminista da "primeira vaga" situam--se na Revolução Francesa. Este é o primeiro momento em que as mulheres reconhecem a sua situação de inferioridade pelo facto de pertencerem ao sexo feminino (Lamas, 1995).

---

[1] Os movimentos feministas são geralmente divididos em três "vagas", que correspondem a períodos temporais como veremos mais adiante. A "primeira vaga" estende-se, sensivelmente, de 1850 a 1930 (Kaplan, 1992).

14   *Aprender a ser rapariga, aprender a ser rapaz: teorias e práticas da escola*

Embora sem direitos formais, as mulheres influenciam a Revolução, o que lhes permite ter pela primeira vez uma acção na esfera pública. Uma das mulheres que então se notabiliza é Olympe de Gouges, que, em 1791, entrega à rainha Maria Antonieta uma "declaração dos direitos da mulher e da cidadã". Em 1792, Mary Wollstonecraft publica, em Inglaterra, o livro "A Vindication of the Rights of Women", onde exige a independência económica da mulher.

Mas é por via da Inglaterra que o feminismo se começa a espalhar pelo resto da Europa e do mundo. A Revolução Industrial produz consequências sociais e culturais que vêm alterar profundamente a vida das mulheres.

Quando surge o feminismo da "primeira vaga", as mulheres da classe trabalhadora já têm uma grande participação no mercado de trabalho. São empregadas domésticas, costureiras, operárias têxteis e trabalhadoras rurais. Nas fábricas, o seu salário é, por vezes, metade do dos homens. Além disso, continuam a fazer o serviço de casa, o que lhes acarreta uma grande sobrecarga de trabalho (Lamas, 1995).

Na sua maioria, as que trabalham fora de casa são solteiras, mas existe também nesta época um considerável número de mulheres casadas que participam no mercado de trabalho e que o abandonam aquando do nascimento de um filho. Mas quanto maior é o número de filhos maior a necessidade de trabalhar fora de casa e muitas dessas mulheres voltam aos seus trabalhos quinze dias após o parto (Phillips, 1996). Surge então, paralelamente, um movimento feminista de origem operária cujas principais reivindicações são a melhoria da situação económica e a igualdade social. Em contrapartida, as principais reivindicações da camada feminina burguesa são o direito à educação, ao trabalho e à liberdade individual.

O segundo grande momento histórico nas primeiras lutas pela emancipação da mulher ocorre quando, em 1848, nos EUA, um grupo de 100 mulheres redige um manifesto feminista a que chama "Declaration of Sentiments". Nesta declaração, são analisadas as relações de poder entre homens e mulheres e é avançada a ideia de que existe uma luta de classes entre os dois sexos, que se estende para além da exploração económica (Lamas, 1995). Os ideais liberais do Iluminismo alastram, então, internacionalmente, arrastando por todo o mundo os movimentos feministas.

Capítulo 1 – Feminismo na Educação

Apesar de um longo percurso que se estende dos finais do século XIX até aos nossos dias, o conceito de feminismo permanece pouco claro, tendo dado origem a diferentes posições que coexistem na actualidade (Kaplan, 1992; Nogueira, 2000; Weedon, 1997; Weiner, 1994).

O facto de ser um conceito pouco claro ou controverso não significa que seja mal definido ou que exista pouco conhecimento sobre ele. É, precisamente, a complexidade do feminismo e a grande diversidade que existe nas suas conceptualizações que tornam tão difícil chegar a um consenso (Beasley, 1999).

Há quem o considere uma "estrutura básica de consciência" (Lamas, 1995), um movimento social (Kaplan, 1992; Magalhães, 1998) ou, simultaneamente, um movimento social e uma ideologia, porque se alia a outros movimentos para produzir reformas políticas e sociais (Banks, 1986). Para Thom (1992, cf. Nicolson, 1996), "o feminismo é especial-mente, mas não apenas, sobre as mulheres; mas é primeiramente a actividade de lhes dar voz, um acesso ao poder antes negado" (p. 21).

Pode ser entendido como uma ideologia, na medida em que visa uma mudança de poder nas relações entre homens e mulheres, já que estas relações de poder afectam todas as áreas da vida: a família, a educação, o trabalho, a política, a cultura e o lazer.

Por detrás da ideologia feminista existe um conjunto de teorias sobre o modo de entender as relações de poder e as possibilidades de mudança. Estas teorias pressupõem determinadas concepções sobre o sexo, o género[2], a masculinidade, a feminilidade, a homossexualidade e a identidade (Butler, 1990; Skeggs, 1997; Weedon, 1987).

Os meios que as feministas defendem para aceder ao poder são, por vezes, muito diferentes. Para umas, o acesso ao poder passa, primor-dialmente, pela legislação: legislação para o sufrágio, legislação para os direitos no casamento, legislação em relação aos filhos e ao trabalho. Para outras, a acesso ao poder passa, antes de mais, por um estilo de vida que consistiria em questionar as instituições patriarcais e viver sem uma referência imediata ao modelo masculino. Para outras, ainda, as mudanças

---

[2] O conceito de sexo apela para as diferenças biológicas que distinguem o sexo masculino do feminino, enquanto o termo "género" considera que grande parte das diferenças habitualmente atribuídas aos aspectos biológicos são, antes de mais, social e culturalmente construídas e nelas se incluem as características socialmente avaliadas como sendo próprias de homens e mulheres.

16   *Aprender a ser rapariga, aprender a ser rapaz: teorias e práticas da escola*

passam, sobretudo, pela crítica aos valores da escola e do conhecimento (Nicolson, 1996).

Cada um destes grupos define diferentes padrões de libertação, ora através de acções políticas, ora pela afirmação da necessidade de melhorar a educação das mulheres (Nicolson, 1996). Estes diferentes padrões de libertação estão também intimamente ligados aos contextos sociais e históricos em que ocorrem. Ser feminista no século XX é diferente de ser feminista nos finais do século XIX. As questões em causa são, necessariamente, diferentes num e noutro contexto.

Em termos históricos, os vários movimentos feministas costumam ser agrupados em três vagas: os feminismos da "primeira vaga" vão dos meados do séc. XIX (1850, sensivelmente) até 1930. Os feminismos que se desencadeiam a partir de 1960, e se prolongam até aos anos 80, são designados por "segunda vaga". A "terceira vaga" situa-se a partir dos anos 80 (Kaplan, 1992).

No feminismo da "primeira vaga", a principal preocupação é o alcançar da independência e emancipação a nível dos direitos civis e políticos, como cidadãs do Estado moderno, na mesma situação que os homens (Evans, 1994, 1995). A revolução industrial e as duas grandes guerras, catapultam as mulheres para o mundo do trabalho, onde passam a ocupar agora profissões até aí exercidas apenas pelos homens (Rowbotham, 1992). Em termos teóricos, o feminismo da "primeira vaga" é representado pelo feminismo liberal e pelo feminismo socialista.

A principal característica do feminismo de "segunda vaga" é a crítica à opressão generalizada da mulher, seja no trabalho, seja na família. A sua ideia central é que todas as mulheres partilham uma opressão generalizada e que a luta contra esta situação se impõe (Charles, 1996).

Esta época é caracterizada por uma entrada acentuada da mulher no mundo do trabalho, de um modo completamente distinto do que ocorre durante a II Grande Guerra – apenas temporariamente e para colmatar a falta dos homens que se encontravam em combate (Nogueira, 2000). Em termos teóricos, a "segunda vaga" caracteriza-se pelo nascimento do feminismo radical, que se desenvolve lado a lado com o feminismo liberal e socialista. Torna-se especialmente proeminente nos anos 70 (Weiner, 1994).

A "terceira vaga" surge num período histórico em que as mulheres da Europa Ocidental são consideradas, legalmente, iguais aos homens. Persiste, no entanto, uma grande distância entre a igualdade estabelecida pela lei e a vivência real. Este novo ciclo caracteriza-se por um menor envolvimento das mulheres no movimento feminista, por um sentimento de que este está "fora de moda" e pelo aparecimento de movimentos contra o feminismo (Nogueira, 2000). Em termos teóricos, a "terceira vaga" traz como principal contributo o feminismo pós-moderno ou pós-estruturalista (Weiner, 1994) e o centro das suas atenções dirige-se para a diferença entre as mulheres (Bettie, 2003; Butler, 1990; Charles, 1996; Lengermann & Niebrugge, 1996; Skeggs, 1997; Weedon, 1987). Uma das principais críticas que faz às teorias da "segunda vaga" é o facto de estas terem tratado monoliticamente a categoria "mulher", deixando para segundo plano as diferenças de raça, etnia, idade e classe social. Este voltar-se para a diferença faz surgir pelo menos três áreas de trabalho intelectual: o levantamento das diferenças de experiências entre as mulheres; a crítica das categorias básicas conceptualizadas pelo feminismo e pela ciência social moderna; e a tentativa de organizar os vectores de subordinação e privilégio, como, por exemplo, a raça, o género, a classe social, a idade e as preferências sexuais (Lengermann & Niebrugge, 1996).

Em termos de conclusão, pode dizer-se que apesar da grande hetero-geneidade de posições sobre o que é ser feminista, inerente a todos os movimentos ou teorias, impõe-se a procura comum de uma mudança que conduza a uma efectiva igualdade entre os sexos (Nogueira, 2000), na convicção de que, ao procurar transformar as condições sociais da mulher, o feminismo tem de ter em conta as modificações sociais que tais trans-formações acarretam para a sociedade como um todo (Ferreira, 1988).

OLHARES FEMINISTAS SOBRE A ESCOLA

Foi há 25 anos, sensivelmente, que as raparigas começaram a ser consideradas um grupo em desvantagem e que as políticas educativas começaram a dar algum realce a esta situação. As iniciativas políticas espelharam, em grande medida, a compreensão teórica desenvolvida, em cada momento, sobre género e educação.

As primeiras abordagens feministas na escola centraram-se na subrepresentação das raparigas em certas áreas do conhecimento, tendo-

18 *Aprender a ser rapariga, aprender a ser rapaz: teorias e práticas da escola*

-se estabelecido a sua igualdade de representação como objectivo essencial para estas poderem aceder à igualdade na educação. Nesta ordem de ideias, no início dos anos 70, sob inspiração do feminismo liberal, foram introduzidos nas escolas muitos programas de igualdade de género destinados às raparigas, com o principal objectivo de aumentar a sua auto-estima e incentivá-las a prosseguir os seus estudos em áreas tradicionalmente não femininas, como as ciências e a tecnologia.

Na Austrália, por exemplo, o relatório de 1975 intitulado *Girls, School and Society* (Yates, 1993) indica que as desigualdades de género eram reconhecidas e que o discurso político se baseava na perspectiva de uma educação liberal que não tinha em conta as diferentes formas de conhecimento das mulheres. Em contrapartida, o relatório de 1987 (*National Policy for the Education of Girls in Australian Schools*) demonstra uma abordagem crítica da educação liberal e revela maior preocupação com os grupos minoritários. Um dos seus objectivos é desenvolver um clima de apoio na escola e, simultaneamente, garantir um currículo adequado para a população escolar feminina. No entanto, as questões da raça e da classe social são, segundo Yates (idem), completamente esquecidas, o que leva esta autora a concluir que, enquanto no relatório de 1975 se verifica uma universalização da categoria mulher, em 1987 o que foi universalizado foi a diferença.

Analisando o caso inglês, verifica-se que entre 1980 e 1985 a principal prioridade das feministas é a mudança das práticas escolares para reduzir a desigualdade entre os sexos, alterando as próprias percepções e práticas dos professores. A partir de 1985, as professoras feministas envolvem-se em quatro tipos de acções: provocar mudanças; promover investigação-acção que fomente o intercâmbio entre investigadores externos e professores/as; estabelecer redes de comunicação entre os/as professores/ /as; e desencadear iniciativas sindicais (Weiner, 1993).

Em Portugal, contudo, verifica-se como que um alheamento dos movimentos feministas face às questões da educação, o que leva a que desde o 25 de Abril de 1974 até 1986 (data da publicação da Lei de Bases do Sistema Educativo – Lei n.º 46/86) seja publicado apenas um diploma fazendo referência à igualdade de oportunidades para ambos os sexos na Escola, a Lei n.º 23/80 – ratificação da Convenção sobre a Eliminação de Todas as Formas de Discriminação Contra as Mulheres, aprovada pela ONU (Saavedra, 2001). Poderia dizer-se que, de uma forma geral, os discursos sobre igualdade entre os sexos na escola, em Portugal, são dominados pela omissão, embora se possam reconhecer algumas *nuances* e identificar três tipos de discursos: o discurso da igualdade representativa; o discurso da igualdade omissa e o discurso da aproximação a uma nova igualdade. No primeiro acentua-se, antes de mais, a ideia de que a mulher deve ter as mesmas oportunidades que o homem, porque é igual ao homem, e que essa igualdade de oportunidades conduzirá a uma igualdade de facto. No discurso da igualdade omissa, as medidas legais limitam-se a ser enunciadas, sem que o seu significado seja explicitado. O discurso da aproximação a uma nova igualdade é aquele cuja formulação mais se aproxima dos países onde estas questões têm sido debatidas e concebidas com maior apoio das teorizações feministas. Não se preocupa unicamente com a igual representatividade de ambos os sexos, mas acentua a importância do domínio privado na vida pública, ou seja, não se limita ao domínio mais visível do mundo do trabalho, mas também inclui aquele que é menos visível – a família (Saavedra, 2001). Não se pode afirmar, no entanto, que em Portugal a política educativa no domínio do género se tenha voltado, como aconteceu noutros países, de um discurso sobre a igualdade para um discurso sobre a diferença, sob influência do feminismo pós-estruturalista, nem se tem verificado o envolvimento dos movimentos feministas nesta questão. Apesar de a partir de 1985 se ter verificado, no nosso país, um aumento de produção sobre género e educação e de, a partir de meados dos anos 90, se ter assistido a uma afirmação da temática a nível académico, estas iniciativas continuam a não se revelar implantadas a nível nacional (Pinto, 2004).

Esta breve incursão pelas políticas educativas sobre género serve para ilustrar que ao longo dos anos a escola foi vista como um local privilegiado para a reprodução das relações sociais de desigualdade de género, mas, simultaneamente, como um importante local para promover intervenções e mudanças. As intervenções foram mudando conforme o contexto histórico e o tipo de concepções sobre o género implícitas nas políticas educativas.

Neste sentido, serão analisados, seguidamente, os contributos das principais correntes feministas que conceberam mudanças ao nível da educação e do sistema de ensino.

Madeleine Arnot e Gaby Weiner (1987) identificaram três perspectivas feministas que tiveram grande impacto na educação: (1) "Direitos Iguais na Educação", cuja principal orientação era o feminismo liberal; (2) "Relações Patriarcais", perspectiva oriunda do feminismo radical; e (3) "Classe, Raça e Género: Estruturas e Ideologias", influenciada pelo feminismo socialista/marxista.

Apesar desta classificação ter sido alvo de diversas críticas (Weiner, 1994), é aquela que mais consenso tem congregado. Segundo a maior parte das autoras, são quatro as correntes preponderantes no feminismo: feminismo liberal, feminismo radical, feminismo socialista/marxista (Magalhães, 1998; Nogueira, 2000; Rowbotham, 1992; Weedon, 1987) e, mais recentemente, o feminismo pós-moderno ou pós-estruturalista (Evans, 1995; Nogueira, 2000).

Cada uma destas correntes e o seu respectivo impacto no sistema educativo será alvo de análise mais detalhada nas páginas seguintes.

Feminismo Liberal e Educação

As feministas liberais defendem a ideia de que as mulheres são basicamente iguais aos homens e que a principal causa da sua dependência assenta em factores biológicos, como a reprodução e a maternidade (Beasley, 1999; Beauvoir, 1976; Firestone, 1981).

Surgem na sequência da primeira vaga e dos ideais da Revolução Francesa e daí se centrarem fundamentalmente na aquisição formal de direitos civis e políticos, na justiça e na democracia (Banks, 1986; Lamas, 1995; Tavares, 2000; Weiner, 1994). "A consagração da igualdade jurídica é a base, sendo a materialização dos direitos algo que tem a ver com a evolução das mentalidades, e muito pouco com a intervenção do Estado, no domínio do social ou até através de medidas que forcem a aplicação das leis" (Tavares, 2000, p. 103). Apoiando-se neste pressuposto defendem as mesmas oportunidades para a mulher e para o homem no trabalho e na educação. Opõem-se à discriminação contra as mulheres (Beasley, 1999; Rowbotham, 1992), apesar de nunca terem questionado a hierarquia social existente (Evans, 1995).

Não se preocuparam em teorizar as diferenças entre as mulheres, dando maior atenção às desigualdades entre homens e mulheres (Charles, 1996; Rowbotham, 1992), promovendo a imagem de que a mulher é igual ao homem e que o alcançar das mesmas metas dependeria unicamente da capacidade destas em competirem de igual para igual com o sexo masculino (Tavares, 2000).

Capítulo 1 – Feminismo na Educação 21

O feminismo liberal fez uma distinção entre a vida pública e a vida privada das mulheres (Beasley, 1999; Tavares 2000) e as suas principais lutas situaram-se ao nível da vida pública. Neste sentido, fizeram apelo a que as mulheres lutassem pelas suas carreiras, tratando os filhos como um assunto privado, como se a vida privada não afectasse toda a vida pública. Esta questão, em conjunto com o primado da individualidade, conduziu ao surgimento da ideia da "mulher de sucesso", com capacidade para ultrapassar as barreiras sociais e para ocupar lugares proeminentes no domínio económico e político (Tavares, 2000).

Esta atitude de separação entre o público e o privado já caracterizava as feministas do século XIX, que não tinham estratégias para a família e cuja luta se concentrava unicamente no direito ao voto e na igualdade ao nível da esfera pública (Phillips, 1996a).

As feministas liberais que se debruçaram sobre as questões da educação consideraram que uma das principais causas das desigualdades entre os sexos era a falta de conhecimento sobre esta temática por parte dos agentes educativos. Foi neste sentido que consideraram a disseminação da informação como uma das principais medidas para combater estas desigualdades. Esta informação deveria passar pelos pais, professores e sociedade em geral, de modo a combater os preconceitos, os valores tradicionais, a falta de modelos para as raparigas em certas profissões e as barreiras estruturais. Defenderam, por isso, o treino dos vários agentes educativos e a necessidade de definir legislação que estabelecesse a igualdade de oportunidades (Weiner, 1994).

As principais preocupações das feministas liberais e o foco dos seus estudos foram: (1) o fracasso ou subaproveitamento das raparigas nos vários níveis de ensino e no mundo do trabalho; (2) as causas das diferenças entre os sexos em certos domínios escolares, como a matemática, as ciências e as tecnologias; e (3) o carácter estereotipado de certas opções escolares e profissionais.

Os termos mais usados por estas investigadoras foram acesso, escolhas, desvantagem, sub-representação e subaproveitamento (Weiner, idem).

Apesar de estar implícita nos estudos destas feministas uma intervenção com o objectivo de provocar mudanças rápidas no sistema de ensino, de facto estas investigadoras nunca questionaram o status quo, nem funcionaram como uma ameaça ao sistema institucionalizado (Weiner, idem).

Uma das maiores limitações de uma tal abordagem revelou-se no facto de localizar os problemas dentro dos indivíduos, deixando de parte o contexto sociopolítico em que eles são actores. Daí aparecerem, dentro desta corrente, conceitos como falta de auto-estima ou auto-eficácia para explicarem as desvantagens das raparigas face aos rapazes e a sua subrepresentação em certas áreas profissionais (Hinson, 1995).

Um exemplo de teoria que se enquadra dentro do feminismo liberal é a Teoria da Auto-Eficácia desenvolvida por Hackett, Betz e Fitzgerald a partir de 1981 (Betz & Hackett, 1983; Betz & Fitzgerald, 1987; Hackett & Betz, 1981). Estas autoras aplicaram a teoria da auto-eficácia de Bandura ao domínio da carreira para explicarem as diferenças de género no que diz respeito ao comportamento vocacional.

As autoras criticaram os modelos até então desenvolvidos por serem construídos unicamente com base na experiência masculina sobre o desenvolvimento da carreira e não especificarem os mecanismos através dos quais as crenças e expectativas sociais afectam o comportamento vocacional das mulheres. Defenderam ainda que estas possuem mais baixas expectativas de auto-eficácia relacionadas com a carreira do que os homens e que tal diferença ajuda a explicar as diferenças no comportamento vocacional das mulheres, nomeadamente o seu leque restrito de opções profissionais e a subutilização das suas capacidades (Saavedra, 1995).

Embora as expectativas de auto-eficácia afectem o comportamento da carreira tanto de rapazes como de raparigas, existem bases para supor que as expectativas de auto-eficácia relacionadas com a carreira são mais baixas, fracas e menos generalizadas na mulher do que no homem. No caso das mulheres, certas barreiras externas, tais como a discriminação, o assédio sexual e a falta de sistemas de apoio, representam obstáculos que requerem fortes expectativas de auto-eficácia para serem ultrapassados (Hackett & Betz, 1981).

Betz e Hackett (1983) salientaram que um dos factores que podiam explicar a baixa representação das mulheres nos domínios das ciências e tecnologias era a sua falta de preparação para a matemática, relativamente aos homens, o que resultava num estreitamento das opções, nomeadamente em áreas dominadas pelo sexo masculino (Hackett, 1985).

A aprendizagem vicariante muito contribui para que os rapazes, que estão muito mais expostos a experiências deste tipo, tenham maiores expectativas de eficácia pessoal. Os elementos do sexo masculino recebem, quer através da literatura, quer através dos livros escolares ou da comunicação social, inúmeras possibilidades de aprendizagem vicariante. Estas aprendizagens para as mulheres não são muito positivas, pois o sexo feminino é, geralmente, representado pelas donas de casa ou pelas mães; ou seja, existem poucos modelos de mulheres em domínios não tradicionais (Hackett & Betz, 1981).

Concluindo, poderia afirmar-se que as principais estratégias das feministas liberais no domínio da educação passaram pela revisão dos textos e materiais escolares; pela implementação de actividades que conduzissem a um ingresso dos dois sexos em disciplinas menos tradicionais, como a física e a matemática para as raparigas, e as línguas para os rapazes. Simultaneamente, encorajaram as raparigas a envolverem-se mais nas carreiras profissionais, convidando pessoas em profissões não tradicionais para a realização de colóquios na escola e mudando alguns aspectos da organização escolar, como, por exemplo, tornar o uniforme escolar igual para os dois sexos. Além disso, procuraram estabelecer igualdade de responsabilidades para os dois sexos na sala de aula e fomentar a inclusão de um maior número de professoras na direcção escolar para a promoção de modelos de liderança para as alunas (Weiner, 1994).

Feminismo Radical e Educação

O feminismo radical, ao contrário do liberal, não encara as mulheres como sendo iguais aos homens. Considera, aliás, que este tipo de postura em nada as beneficia, defendendo a necessidade de compreender o modo como a sociedade produziu as diferenças que actualmente existem entre os sexos (Beasley, 1999; Nicholson, 1997).

O feminismo radical baseou-se em dois pressupostos centrais: o de que os valores especificamente femininos têm sido sistematicamente diminuído e o de que a mulher tem sido historicamente oprimida pelo sistema patriarcal (Charles, 1996).

O conceito de patriarcado foi criado pelas feministas radicais para denunciar as relações de opressão e exploração de que as mulheres têm sido vítimas (Tavares, 2000), sendo olhado, por estas feministas, como a mais importante estrutura de desigualdade social. Sendo independente da classe social e anterior ao capitalismo (Charles, 1996; Tavares, 2000), o patriarcado não é anulado com o socialismo, que se limitaria a substituir uma classe por outra, mas não acabaria com a dependência da mulher face ao homem, nem com o sistema sexista que explora as mulheres (Tavares, 2000). Consideram outras estruturas de repressão, onde se pode incluir a heterossexualidade, a classe, a raça, a idade (Lengermann & Niebrugge, 1996), mas acreditam que a opressão baseada na biologia sexual e no género tem sido a forma mais fundamental de violência exercida sobre o sexo feminino, pois é a capacidade biológica das mulheres para a maternidade que as torna tão diferentes dos homens (Weedon, 1987).

Segundo Evans (1995), as primeiras teorias do feminismo radical consideravam que todos os seres humanos, são prejudicados pelo capitalismo e pelo patriarcado, mas a mulher mais ainda do que o homem. Estas feministas rejeitaram todas as formas de hierarquia e opressão.

Um dos temas centrais das suas análises tem sido a violência física exercida sobre a mulher, que ocorre tanto a nível individual como através de estruturas organizativas dominadas pelo homem (Charles, 1996). Esta violência tem sido precisamente uma das formas que os homens utilizam para manter o patriarcado, pois é através dela que têm conseguido manter o controlo sobre as mulheres. Por isso, criticaram o casamento como sendo a principal fonte de sujeição das mulheres, na medida em que se constitui como uma forma do sexo masculino controlar a reprodução. Em consequência desta perspectiva, defendem o controlo da natalidade e a liberalização do aborto como forma de expressão da sua sexualidade e de domínio do seu próprio corpo. Também por esta razão assumem o lesbianismo como protesto contra a supremacia masculina (Tavares, 2000) e chamam a atenção para a pornografia e o assédio sexual no local de trabalho, vincando a necessidade de criar apoios para as crianças (Weiner, 1994).

As feministas radicais deram especial ênfase à subordinação da mulher ao homem e consideraram que a alteração desta situação era o ponto fulcral para a mudança da sociedade como um todo (Rowbotham, 1992). Diversas formas de relacionamento contribuíram para esta subordinação. Por um lado, o facto da mulher estar associada ao domínio privado e o homem ao domínio público. Por outro lado, a associação homem-cultura e mulher-natureza, sendo que a cultura é muito mais valorizada socialmente que a natureza (Charles, 1996).

Para que as mulheres ultrapassassem a situação de submissão, era necessário que cada uma delas reconhecesse o seu valor e a sua força e rejeitassem as pressões dos homens que as levam a ver-se como fracas e dependentes. Para ultrapassar condições tão adversas, seria pois necessário que trabalhassem em conjunto com outras mulheres, ultrapassando as suas diferenças, para se ajudarem mutuamente (Bearsley, 1999). Uma das características do feminismo radical foi precisamente o de criar uma nova linguagem, valorizando a libertação da mulher e acentuando mais o colectivismo do que o individualismo (Weiner, 1994).

As mais importantes críticas ao feminismo radical partiram do feminismo negro, que questionou a sociedade branca pela sua opressão tripartida à sociedade negra com base no sexo, raça e classe social.

Tanto as feministas liberais como as radicais consideraram que ambos os sexos possuíam uma essência única que os caracterizava e distinguia. Assim, uma das preocupações centrais destas duas correntes era distinguir a identidade feminina da identidade masculina. As feministas radicais colocaram grande ênfase na identidade feminina que foi desvalorizada pelo patriarcado (Weedon, 1987). Mas, enquanto as feministas liberais valorizaram, sobretudo, a igualdade entre os sexos, considerando que a mulher pode ser igual ao homem, as feministas radicais preferiram salientar as diferenças entre os dois sexos (McDowell & Pringle, 1996a), que assumem como essências de origem biológica e experiencial (Nogueira, 2001).

No contexto educativo, as palavras-chave que mais caracterizaram estas feministas foram, segundo Weiner (1994), as relações patriarcais, dominação/subordinação e opressão/poder.

Ao contrário das feministas liberais, as radicais criticaram fortemente as práticas educativas sem qualquer receio de desestabilizar o sistema. Atribuíram a causa das desigualdades verificadas na escola às forças patriarcais e ao poder masculino que se manifestam na sociedade ao nível da família, da escola e do local de trabalho. Como tal, e ao contrário das feministas liberais, retiram parte da responsabilidade aos professores nas práticas de desigualdade e consideram que estes devem trabalhar no sentido de reeducar a sociedade em intervenções não sexistas.

Com base nas perspectivas "anti-sexista" e "centrada nas raparigas", as feministas radicais propuseram mudanças epistemológicas nas práticas curriculares: a promoção de currículos centrados nas raparigas (nas disci-

26 *Aprender a ser rapariga, aprender a ser rapaz: teorias e práticas da escola*

plinas de ciências designadamente) e um particular interesse nos temas relacionados com sexualidade, assédio sexual, heterossexualidade e homofobia.

Ao contrário das liberais, que se preocuparam sobretudo com uma maior representação das alunas no sistema educativo e em certas disciplinas, as feministas radicais preocuparam-se, antes de mais, em dar poder às alunas e às professoras. Contrariando a procura de consensos, típica do feminismo liberal, advogaram a necessidade de se centrarem no conflito de interesses entre homens e mulheres, de modo a provocar mudanças significativas.

Para desafiarem o poder masculino na escola, defenderam a existência de grupos de apoio para as mulheres e a substituição da organização masculina por uma organização com características mais femininas, onde fosse valorizada a experiência pessoal, a cooperação e a democracia.

Ainda no que diz respeito à escola, estabeleceram uma ligação entre o poder masculino e a violência sexual, a masculinidade e a feminilidade. Consideraram que uma das formas dos rapazes manterem o seu poder era através da violência sexual. Esta perspectiva viria a ser desenvolvida, mais recentemente, através da ligação que se tem estabelecido entre a violência na escola e a masculinidade dominante, como será visto no capítulo seguinte.

Como conclusão, dir-se-ia que as principais preocupações das feministas radicais no âmbito da escolaridade se manifestaram na crítica ao carácter eminentemente masculino das disciplinas e currículos, na concepção do ensino como um processo patriarcal e das relações na sala de aula como relações de poder entre os sexos, sendo a sexualidade, em grande parte, responsável pela opressão das raparigas na sala de aula. Por tudo isto, questionaram as escolas mistas e consideraram que as escolas de um só sexo poderiam favorecer as raparigas, permitindo-lhes uma aprendizagem mais autónoma através da qual estariam isentas da opressão masculina (Weiner, 1994).

Feminismo Socialista e Educação

As feministas socialistas consideraram, por seu turno, que a mulher era oprimida não só pelo homem, mas também pela classe social (Charles, 1996; Rowbotham, 1992). As mulheres eram duplamente oprimidas: pela sua situação na estrutura de produção e pelo seu envolvimento na reprodução. A sua exploração na estrutura de produção dependia, em grande parte, desta sua dependência da reprodução, que as fazia estar particularmente envolvidas em "dar de comer" e cuidar tanto das crianças como dos homens (Charles, 1996).

A relação desta corrente com o marxismo não foi fácil, tendo ficado célebre a frase "o infeliz casamento do marxismo com o feminismo" (Hartmann, 1997). As várias autoras feministas que se inserem dentro da corrente socialista encontraram diferentes formas de estabelecer esta relação (Bearsley, 1999; McDowell & Pringle, 1996a; Nicholson, 1997). Algumas autoras defendem um sistema duplo e investigam, simultaneamente, o género e a classe social considerando estes dois sistemas como formas de poder, um associado ao patriarcado e o outro ao capitalismo (Hartmann, 1997). Outras feministas defendem um sistema unificado entre a classe e o género, frequentemente designado por patriarcado capitalista (Barret, 1997; Jaggar, 1983; Young, 1985). Finalmente, um terceiro grupo de feministas defende um anti-sistema (Nicholson, 1997), no sentido em que consideram que tanto o género como a classe, derivam do sistema de produção, tal como foi concebido por Marx.

Exigiram o fim do capitalismo, a expropriação da propriedade privada e a emancipação do proletariado, como condição necessária para a libertação das mulheres de todas as formas de opressão (Evans, 1995), considerando o patriarcado, o racismo e o capitalismo como expressões de opressão que se encontram interrelacionadas (Weedon, 1987).

Criticaram o modelo convencional das diferenças entre os sexos que associa o homem aos atributos instrumentais e à esfera pública e a mulher aos atributos emocionais e à esfera privada (Nogueira, 2001). Em termos epistemológicos, encararam a natureza humana, ao contrário das feministas liberais e radicais, não como uma essência, mas antes como algo socialmente produzido, acentuando, por isso, a construção social da feminilidade e do género (Weedon, 1987).

O termo mais usado por estas feministas tem sido o de "dominação". Assim, a opressão da mulher tem continuado a ser o seu principal foco de interesse, a par de uma particular atenção dada a todas as experiências de opressão, nomeadamente o modo como certas mulheres contribuem para a dominação de outras mulheres (Lengermann & Niebrugge, 1996).

28 *Aprender a ser rapariga, aprender a ser rapaz: teorias e práticas da escola*

As feministas socialistas foram, de todas as correntes da "primeira vaga" e da "segunda vaga", as que menos esperanças depositaram no poder da escola para alterar a situação das mulheres. Viram e vêem a escola apenas como mais um dos locais em que a luta entre os sexos e as classes sociais acontece (Weiner, 1994).

Para estas feministas, as alunas da classe trabalhadora têm estado em desvantagem relativamente às outras raparigas e, em certa medida, têm experiências semelhantes às dos rapazes da classe trabalhadora. Consideram, ainda, que as diferenças do género que se verificam na escola são idênticas às diferenças de classe que se manifestam na sociedade em geral e acreditam pouco nas possibilidades de mudança nos padrões de desigualdade.

As suas principais preocupações têm sido o modo como o género e as relações de poder são reproduzidas na escola e o processo através do qual os rapazes e as raparigas das classes trabalhadoras se tornam homens e mulheres das classes trabalhadoras. Paralelamente, têm procurado entender o modo como as relações entre família, escola e mercado de trabalho se processam para a manutenção da classe social e das relações de género (Lengermann & Niebrugge, 1996).

Feminismo Pós-Estruturalista e Educação

Em meados dos anos 80, as diferenças entre feminismo liberal e radical esbateram-se. Em Inglaterra, nomeadamente, isto aconteceu devido à necessidade de se unirem para fazerem face ao Governo Conservador e porque apareceram novos contributos feministas. Em termos internacionais, destaca-se a influência do feminismo negro, que começou a chamar a atenção para as ligações entre género, raça e classe social na escola (Weiner, 1994) e de novas formas de feminismo influenciadas pela crescente popularidade do pós-modernismo e pós-estruturalismo (Scott, 1990; Weiner, 1994).

As feministas reconhecem-se em muitos dos pressupostos pós-modernos, nomeadamente no questionamento da objectividade e racionalidade moderna, da verdade como um facto adquirido, e na preocupação em descobrir as várias formas de conhecimento que sejam independentes do poder masculino. Identificam-se, também, com as preocupações acerca do poder, pluralidade e diversidade (Evans, 1994; Nogueira, 2001; Scott,

1990). Esta nova visão implica a crítica do dualismo homem-mulher estabelecido pelas perspectivas radicais, bem como da crença numa essência feminina e masculina (Evans, 1995; Fraser & Nicholson, 1990; Greenwood, 1996; Hare-Mustin & Marecek, 1990; Lott, 1990; McDowell & Pringle, 1996).

Afastando-se dos princípios universalistas do feminismo liberal e radical, as feministas pós-estruturalistas dão particular ênfase à pluralidade e diversidade (Flax, 1990; Scott, 1990), substituindo por estes conceitos os anteriormente defendidos de unidade e consenso. Valorizam as diferentes experiências e formas de conhecimento das mulheres, conforme a classe social, raça e orientação sexual a que pertencem. Desta forma, a categoria "mulher" perde a sua clareza, e a multiplicidade e a diversidade dominam o palco actual do feminismo (Anthias & Yuval-Davis, 1996; Bettie, 2003; Charles, 1996; Fraser & Nicholson, McDowell & Pringle, 1996, 1996a; Weiner, 1994).

O pós-estruturalismo opõe-se à noção humanista de um sujeito consciente, unificado e racional. O modo como a subjectividade é conceptualizada põe em causa a possibilidade de um *self* "essencial" ou de uma identidade "essencial". O *self* é antes socialmente construído dentro do discurso/linguagem (Alcoff, 1997; Spivak, 1997). Neste sentido, as mulheres não só se diferenciam entre si, como as suas próprias identidades são fragmentadas. As mulheres são simultaneamente mães e amantes, lésbicas e trabalhadoras, por exemplo, e muitas destas identidades entram em conflito (Adams; 1996; Charles, 1996; Greenwood, 1996).

Influenciadas por Foucault, têm uma preocupação central com o poder, encarado não como algo detido pelos grupos dominantes, mas disseminado em todas as relações, inclusivamente no poder exercido por umas mulheres sobre as outras.

O significado de ser mulher e o significado atribuído à feminilidade são considerados, por estas feministas, como sujeito a mudanças constantes, influenciadas pelos diferentes contextos históricos, sociais e políticos (Gergen, 1989, 1999). Acreditam que é possível desafiar os discursos dominantes e os seus significados e criar discursos de resistência, que possam desafiar os discursos masculinos e subverter o poder (Burman & Parker, 1993; Parker, 1992, 1997; Weiner, 1994; Willig, 1999). O conceito de discurso e linguagem adquire um significado central nesta postura, considerando que a realidade não pode ser entendida independentemente da linguagem e que é através dela que damos sentido à realidade (Harré

& Gillet, 1994; McDowell & Pringle, 1996a; Potter, 1996, 1997; Potter & Wetherell, 1987; Scott, 1990; Willig, 1999). Dado que o poder da linguagem tinha sido alvo do interesse de muitas feministas, com a influência do pós-estruturalismo, muitas autoras começaram a pôr em questão pressupostos básicos das suas disciplinas e a examinar o modo como a "realidade" tinha sido construída através do discurso. Assim:

> "A análise do 'patriarcado' como um conjunto de estruturas sólidas com existência no mundo real está a ser complementada com o contributo do 'falocentrismo' dos textos, isto é, o modo como os textos são construídos do ponto de vista do homem, com a mulher presente unicamente como a 'outra', ou objecto. As estratégias textuais tornaram-se extremamente importantes. Isto significa ir por detrás da superfície sexista dos textos para compreender o modo como a mulher foi sistematicamente excluída e marginalizada" (McDowell & Pringle, 1996a, p. 12).

Juntamente com o conceito de linguagem e discurso, revelam-se ainda como significativos os conceitos de diferença e de desconstrução, que podem ser encarados como pontos de contacto entre o pós--estruturalismo e o feminismo do final do século XX (Scott, 1990).

Outro dos debates importantes do feminismo pós-estruturalista girou em torno da questão da igualdade e diferença (por exemplo, Cova, 1997; Nogueira, 2001; Tavares, 2000; Scott, 1990). No início dos anos 70, começou a ser questionada a ideia de tornar a mulher igual ao homem, perante o receio de que tal significasse a conformação com as normas masculinas. Nos finais da década, essa concepção foi aprofundada e algumas feministas (que se poderiam enquadrar na corrente do feminismo radical ou cultural) começaram a enfatizar mais a diferença do que a igualdade (Cova, 1997). Apesar da questão da diferença-igualdade se ter tornado no centro das atenções nos finais dos anos 70, já há muito que as sufragistas inglesas tinham reivindicado a igualdade de direitos face ao sexo masculino, ao mesmo tempo que acentuavam a necessidade de as mulheres reivindicarem também as suas diferenças (Tavares, 2000).

A partir de meados dos anos 80, o debate começa a ser colocado em torno da dicotomização do binómio igualdade-diferença, numa tentativa de o sujeitar a uma análise crítica e a fim de compreender como ele funciona, ou seja, como a sua utilização constrói determinados significados que limitam a mulher (Scott, 1990). Assim, parece ter-se tornado claro que esta dicotomia desenha uma escolha impossível.

"Se se opta pela igualdade, é-se forçado a aceitar a noção de que a diferença lhe é antitética. Se se opta pela diferença, está-se a admitir que a igualdade é inatingível. (...) As feministas não podem desistir da 'diferença'; tem sido a nossa ferramenta mais criativa. Não podemos desistir da igualdade, pelo menos enquanto quisermos falar de princípios e valores do nosso sistema político. Mas não faz sentido para o movimento feminista deixar que os seus argumentos sejam forçados em categorias preexistentes e que as suas disputas políticas se caracterizem por uma dicotomia que não inventámos" (Scott, 1990, p. 260--261).

Neste sentido, o conceito de igualdade (que está subjacente aos grupos que defendem a justiça social) significa ignorar as diferenças entre as pessoas, a fim de alcançar um determinado objectivo num contexto específico, ou, se quisermos, a noção política de igualdade implica o reconhecimento da existência de diferenças (Scott, 1990).

Finalmente, outro dos debates mais significativos em torno do feminismo pós-estruturalista – para referir apenas alguns dos que mais se têm salientado – tem a ver com a dicotomia entre público e privado (McDowell & Pringle, 1996a). As feministas mostraram como a associação entre o privado, a vida doméstica e o feminino restringiu a mulher a esta esfera, contribuindo, em grande medida, para a sua posição de subordinação ao longo da história, nomeadamente a exclusão da escola, do trabalho e da política. As feministas pós-estruturalistas mostraram como esta divisão é socialmente construída e como é necessária a sua desconstrução e o conhecimento das diversas formas em que ela se exprime. Como refere Nicholson (1996), mais do que chamar a atenção para a universalização do público-privado, é importante olhar para a variedade desta expressão.

No domínio da educação, as questões da sexualidade tornaram-se mais relevantes, ao ponto de os professores e professoras homossexuais falarem sobre orientação e escolha sexual aos alunos e alunas, questões que levantaram grande polémica.

Ao mesmo tempo, os professores e professoras começaram a integrar as questões do género na organização e política da escola e na estrutura das disciplinas. Isto reflectiu-se em mudanças curriculares, como na história, nas ciências e nos estudos sociais, numa preocupação em tornar as disciplinas de matemática e informática mais acessíveis para as raparigas, no desenvolvimento de uma política de escola relativamente às línguas e às bibliotecas e em seguir uma política com implicações na gestão geral da escola e na sala de aula (Weiner, 1994).

Esta abordagem feminista acredita que, ao nível da educação, um dos problemas fundamentais da desigualdade entre os sexos se encontra relacionado com a diferença de poder patente nas relações entre géneros (Alloway, 1995). Por exemplo, o problema do assédio sexual não poderá resolver-se enquanto não for clara a relação de poder que se estabelece entre a vítima e aquele que pratica o assédio. Enquanto uma perspectiva liberal encararia o assédio como uma dificuldade de comunicação (como frequentemente os professores fazem para desculpar os rapazes), para as feministas pós-estruturalistas o assédio sexual, como outras formas de comportamento masculino e feminino, não pode ser explicado por difi-culdades de comunicação, auto-estima ou auto-eficácia (causas que estão situadas dentro do indivíduo), mas está relacionado com práticas culturais que perpetuam certas regras sociais (Hinson, 1995).

Em vez de se preocuparem com o número de alunas que frequentam determinados cursos e disciplinas, estas feministas consideram que é mais importante que o currículo permita aos alunos e às alunas tomaram consciência de como estão implicados/as na produção de desigualdades de género. Ao compreender a construção social do género, é mais fácil conquistar poder, negociar e refazer relações, bem como investir energia na transformação das assimetrias de género (Alloway, 1995).

A intervenção passa assim por promover nos alunos e alunas um conhecimento crítico do seu posicionamento no discurso educativo (Weiner, 1994).

Uma das mais conhecidas representantes desta corrente feminista tem sido Valerie Walkerdine (1988; 1998), que tem desenvolvido grande parte do seu trabalho questionando o pressuposto de que a raparigas têm insucesso na matemática.

Considera que grande parte dos estudos efectuados neste domínio partiram do pressuposto de que as raparigas tinham insucesso nesta disciplina e tentaram demonstrá-lo através de dados estatisticamente significativos. Porém, a autora advoga que existe uma tendência acentuada para exagerar as diferenças encontradas entre os sexos e minorar as semelhanças que existem entre eles. Por exemplo, segundo os dados do *Assessment*

Performance Unit de 1985, em alunos e alunas de 11 anos não foram encontradas grandes diferenças entre os sexos, embora se tenha notado uma tendência para os professores considerarem os rapazes melhores do que as raparigas, principalmente nas áreas da matemática e nas que fazem apelo ao domínio espacial. A única área em que as raparigas eram vistas como tendo mais sucesso do que os rapazes era a álgebra.

Simultaneamente um dos grandes problemas das feministas parece ter sido o de tentar contrariar "cientificamente" estes dados sem ir ao cerne do problema, ou seja, sem compreender que não existe uma categoria "mulher" unificadora e que esta é atravessada, pelo menos, por questões de etnia e classe social.

> "Isto significa, para além de qualquer outra coisa, que não pode mais existir uma categoria unitária de "criança", "rapariga" ou "rapaz". Se a classe e raça, pobreza ou riqueza, trabalho mental ou manual, produzem diferentes práticas reguladas, então é importante examinar a multiplicidade de subjectividades produzidas nessas condições" (Walkerdine, 1988, p. 215).

Walkerdine (1998) apresenta o caso de duas alunas, uma da classe trabalhadora (Patsy) e a outra da classe média (Julie). Ambas têm o mesmo fracasso na matemática, mas enquanto o caso de Julie é interpretado como fruto de um bloqueio que se pode ultrapassar (ou seja é considerada inteligente), Patsy é encarada como pouco inteligente. Neste sentido, existe uma produção da diferença através da fantasia da professora. Mas este caso tem ainda a particularidade de nos chamar a atenção para o modo como as leituras das professoras e professores funcionam não só relativamente à classe social, mas também relativamente ao género. Desde muito cedo que o sucesso das raparigas é atribuído ao facto de seguirem as regras e serem estudiosas, enquanto no caso dos rapazes, mesmo quando os seus resultados não são excelentes, se enfatiza a sua capacidade de compreensão. Os comportamentos conflituosos e de questionamento das regras são encarados não só como provas de masculinidade, mas também como sinal de inteligência e brilhantismo. Os alunos que exibem estes comportamentos são um desafio para o professor ou professora, mas é precisamente por isso que são considerados brilhantes. Por outro lado, as crianças que têm bons resultados escolares sem terem comportamentos conflituosos e de confronto perante a autoridade do professor nunca são consideradas inteligentes, mas sim trabalhadoras. Estas crianças são,

34 *Aprender a ser rapariga, aprender a ser rapaz: teorias e práticas da escola*

segundo Walkerdine (1988), encaradas como uma ameaça, pois apresentam o resultado certo (sucesso académico) de uma forma errada (através de um comportamento não conflituoso). Como tal, são vistas como não dando provas de uma "verdadeira inteligência", já que ser considerado inteligente significa desafiar o professor ou a professora.

Simultaneamente, Valerie Walkerdine (1998) critica as diversas abordagens que têm sido feitas a este problema. De entre as mais clássicas destaca as que acentuam as diferenças na capacidade espacial entre o sexo feminino e masculino e a questão da lateralização espacial. Por exemplo, na sequência destas abordagens, foi levantada a questão de que as raparigas tinham dificuldades a este nível, porque não brincavam o suficiente com ferramentas de construção, tendo sido encorajadas a fazê-lo. Recorreu-se ainda a conceitos como o "medo do sucesso", a ansiedade e o "desânimo aprendido" para explicar os insucessos que as alunas tinham neste domínio.

Influenciada pelo trabalho de Foucault, a perspectiva de Walkerdine defende que o "suposto" insucesso das raparigas na matemática é fruto de uma conjugação de forças para a qual contribui a distorção social da construção dos papéis de género, as diferenças nesses papéis e a própria concepção sobre a matemática. O discurso dominante determina um conjunto de associações entre a matemática e os géneros, consideradas verdadeiras. Estas associações são de que a matemática é masculina, incompatível com o feminino e que o que é feminino pertence a uma ordem menos valorizada. Trata-se, portanto, de uma associação entre poder, masculinidade e matemática que está de tal modo imbuída no discurso cultural que, mesmo quando a rapariga obtém bons resultados, é considerada, pelos outros e por si própria, como "não indo muito bem". O resultado final é uma efectiva baixa de expectativas das raparigas face à matemática, sendo que, frequentemente, os seus sucessos são desvalorizados (Walkerdine,1998).

Apesar de, actualmente, os principais problemas das raparigas já não se poderem colocar exactamente nos mesmos termos em que foram abordados quando Walkerdine começou os seus trabalhos, em 1976, na *Girls and Mathematics Unit*, a base da sua teoria continua actual e muitos estudos posteriores têm confirmado a sua perspectiva.

Em termos actuais o problema mais referenciado tem sido o declínio dos rapazes em termos de sucesso escolar. Mas, como afirma a autora, "nem todas as raparigas estão a sair-se bem, nem todos os rapazes estão a sair-se mal. A situação, no presente, está dividida basicamente através de linhas de classe" (Walkerdine, 1998, p. 169).

Uma vez mais os problemas são simplificados e Walkerdine (1998) chama a atenção para a importância de outras categorias sociais, a fim de se alcançar uma verdadeira compreensão da dimensão do problema, pois o que pode estar a acontecer é que as raparigas das classes médias estarão a conseguir melhores notas, produzindo uma certa competição com os rapazes. Mas as raparigas das classes trabalhadoras continuam a enfrentar grandes problemas para se equipararem às raparigas das classes médias.

Apesar das políticas oficiais, as mudanças têm sido muito lentas. Muitas das políticas e abordagens ao currículo que se desencadearam nos anos 80 não conseguiram levar em linha de conta a complexidade das relações do género. Para que as mudanças ocorram, é necessário não só aumentar as oportunidades do mercado de trabalho, mas também mudar as noções de feminilidade e masculinidade, a um nível individual e social.

Por isso, os processos culturais são importantes, bem como os discursos e ideologias que reproduzem as relações de género. Para estas autoras, a construção da feminilidade e da masculinidade deve estar no centro do problema já que o poder da ideologia é precisamente o de trabalhar a um nível inconsciente.

CONCLUSÃO

O ponto de partida deste capítulo foi uma abordagem histórica do movimento feminista e um olhar sobre algumas dificuldades na conceptualização do conceito de feminismo, justificando a sua substituição pelo de feminismos. Foram abordados e analisados os modos como as várias teorias se espelharam no conceito de igualdade entre os géneros na escola e no próprio conceito de género e como justificaram a implementação de medidas políticas e práticas de intervenção diferenciadas ao longo de diferentes momentos históricos.

CAPÍTULO 2

GÉNERO E IDENTIDADE(S) NA ESCOLA

O modo de conceber a(s) identidade(s) de género ao longo das décadas foi influenciado por diversas concepções emergentes quer no domínio das perspectivas feministas, quer dentro das próprias perspectivas dominantes da psicologia, sociologia, antropologia e filosofia.

Será por isso inevitável que, ao abordar a(s) identidade(s) de género, se faça referência a diversos domínios de conhecimento. O modo de conceptualizar a(s) identidade(s), ao ser influenciado por determinadas concepções de homem e mulher, acabou, por sua vez, por ter um impacto significativo no modo de conceber a relação igualdade-diferença, quer entre mulheres e homens, quer entre mulheres entre si e homens entre si. Assim, à medida que vão sendo abordadas as várias perspectivas dominantes ao longo do tempo, a discussão será, inevitavelmente, relacionada com o debate, tão significativo nos dias que correm, sobre o binómio igualdade-
-diferença.

UM GÉNERO, UMA IDENTIDADE: A ESSÊNCIA DO MASCULINO E DO FEMININO

Os conceitos de "homem" e de "mulher" foram, ao longo dos tempos, construídos em torno de uma série de dicotomias: público/privado, trabalho/casa, racionalidade/emocionalidade, cultura/natureza, corpo/mente, para citar apenas alguns exemplos, sendo o primeiro termo do binómio característico do sexo masculino e de um maior poder (McDowell & Pringle, 1996; McDowell & Pringle, 1996a).

As primeiras abordagens à identidade sexual centravam-se sobretudo nas diferenças entre os sexos, pois faziam apelo a um universo de traços e comportamentos que fundamentavam a divisão entre homens e mulheres.

38 *Aprender a ser rapariga, aprender a ser rapaz: teorias e práticas da escola*

Estas teorias pressupunham a oposição masculinidade/feminilidade com base nas diferenças biológicas, ou seja, eram os cromossomas, genes e hormonas que determinavam as diferenças de personalidade e comportamento entre os sexos. Estas perspectivas, que assentavam no determinismo biológico, consideravam tais diferenças como algo de estático e imutável, minimizando os efeitos do meio ambiente no comportamento humano (Unger, 1979).

Os estudos sobre as diferenças sexuais tiveram início no século XIX, sendo a preocupação em determinar até que ponto o homem era superior à mulher o principal alvo de atenção. Mais tarde, a investigação dirigiu-se para a construção de instrumentos que permitissem avaliar o nível de masculinidade e feminilidade. Neste contexto, foi construído em 1936, por Terman e Miles, o primeiro inventário de masculinidade-feminilidade (Ashmore, 1990; Morawski, 1987), intitulado *Attitude Interest Analysis Test*. Este instrumento era constituído por 910 itens e pretendia avaliar incongruências entre o sexo biológico e o sexo psicológico, e, assim, ajudar a predizer dificuldades no ajustamento conjugal e detectar comportamentos homossexuais (Morawski, 1987).

Foi dentro desta perspectiva que Parsons e Bales (1955) definiram a orientação de papéis na família: a mulher assumindo um papel mais expressivo e o homem um papel mais instrumental. A instrumentalidade caracterizava-se por uma orientação para a realização de um objectivo e pela manipulação do meio; a expressividade por uma preocupação com a harmonia no grupo e pelo relacionamento entre os membros desse mesmo grupo. O 'homem-tipo' era considerado activo, independente, afirmativo, competente, racional e objectivo; e a 'mulher-tipo' emotiva, passiva e sensível às relações com os outros (Saavedra, 1995).

Nos finais dos anos 50, McKee e Sheriffs (1957) criaram uma lista de 200 adjectivos que permitiam avaliar os estereótipos sexuais e concluir que havia um grande número de traços psicológicos que distinguiam os homens das mulheres.

Já nos anos 60 do século XX, Chombart de Lauwe (1964; cf. Amâncio, 1994) realizou uma investigação sobre a imagem feminina em vários países da Europa e, no mesmo ano, Rocheblave e Spenlé (1964, cf. Amâncio, 1994) analisaram os conteúdos dos estereótipos em estudantes universitários franceses e alemães com base numa lista de 121 traços vulgarmente atribuídos a homens e mulheres. Os resultados mostraram uma grande uniformidade entre os vários países. O estereótipo masculino

Capítulo 2 – Género e Identidade(s) na Escola   39

foi caracterizado por uma grande estabilidade emocional, dinamismo, agressividade e afirmação pessoal, enquanto o estereótipo feminino se caracterizava pelo pólo oposto do masculino, isto é, instabilidade, passividade e submissão (Amâncio, 1994).

Quase na mesma altura, Rosenkrantz e colaboradores (Rosenkrantz *et al*, 1968) criaram o *Sex Role Stereotype Questionnaire,* constituído por uma lista de 122 adjectivos relativos a comportamentos, atitudes e traços de personalidade diferenciadores de homens e mulheres. Foi pedido a 154 estudantes de ambos os sexos que caracterizassem o homem em geral, a mulher em geral e se definissem a si próprios. A um outro grupo de estudantes foi pedido que classificassem os itens em termos de dese-jabilidade social. Os resultados demonstraram que ambos os sexos se classificavam a si próprios de um modo semelhante à classificação efectuada para o respectivo estereótipo e que as mulheres manifestavam uma maior auto-desvalorização.

Em 1972, Broverman, Clarkson & Rosenkrantz alargaram este estudo a outras populações e chegaram à conclusão que os estereótipos sexuais são independentes da idade, estado civil, religião e nível de instrução; que as características atribuídas aos homens são mais positivamente avaliadas que as características atribuídas às mulheres; que as definições de papéis sexuais são implícita e acriticamente aceites pelas pessoas, pois estão incorporadas no auto-conceito de ambos os sexos; que estas diferenças são consideradas desejáveis pelos estudantes e indicadoras de saúde mental por parte dos profissionais desta área. Quanto ao conteúdo dos estereótipos, os homens eram vistos como independentes, agressivos, auto-confiantes, activos, capazes de tomar decisões e com capacidade de liderança. Os traços masculinos pertencem a um grupo geralmente designado como grupo de competência, racionalidade e assertividade, ou, em termos mais gerais, de *instrumentalidade*. As mulheres eram, geralmente, colocadas no pólo oposto ao do homem, ou seja, dependentes, subjectivas, passivas, ilógicas, características negativamente avaliadas. Como positivamente avaliadas eram as características afável, compreensiva, sensível aos sentimentos dos outros, delicada, calma, capaz de exprimir emoções, etc. Estes traços foram designados por grupo da afectividade ou *expressividade* (Broverman *et al.* 1972).

Todos os instrumentos acabados de referir assentavam nos pres-supostos de que o género estava profundamente enraizado no indivíduo e que estas características eram estáticas, duradoiras e se encontravam

40   Aprender a ser rapariga, aprender a ser rapaz: teorias e práticas da escola

intimamente relacionadas com a natureza íntima e com a saúde mental. As incongruências com o sexo biológico indicavam problemas psicológicos de ajustamento. A todos estes instrumentos está subjacente o modelo da congruência, que considera que o bem-estar psicológico é maior quando existe concordância entre a orientação de papéis sexuais e o sexo do indivíduo (Cate e Sugawara, 1986; Whitley, 1983).

Finalmente, todos estes instrumentos consideravam os atributos femininos e masculinos como pólos opostos (Morawski, 1987).

No princípio dos anos 70, começa a notar-se um certo desencanto com o conceito psicológico de género e com as técnicas usadas para o avaliar. Além de se questionar a validade das escalas de Masculinidade-Fiminilidade, questiona-se também a identificação da masculinidade com os homens e da feminilidade com as mulheres. Em termos sociais, começam a notar-se mudanças no mercado de trabalho, para o qual as mulheres entram agora em muito maior número, e o movimento feminista começa a chamar a atenção para a subjugação da mulher pelo poder masculino (Ashmore, 1990; Lorenzi-Cioldi, 1988; Morawski, 1987).

Em consequência da conjugação de todas estas forças, é criado, em 1974, por Sandra Bem, o *Bem Sex Role Inventory* (BSRI), uma nova técnica de medida dos estereótipos e dos papéis de género. Este inventário pretendia anular a oposição entre os conceitos de masculinidade e de feminilidade e encará-los como duas dimensões independentes que se podem aplicar ao mesmo indivíduo. Em termos de medida, o conceito de androginia define-se pela presença no mesmo indivíduo de traços femininos e masculinos com a mesma intensidade (Bem, 1974; 1981).

> "O conceito de androginia psicológica implica que é possível para um indivíduo ser ora compassivo ora assertivo, ser expressivo e instrumental, ser masculino e feminino, dependendo das circunstâncias apropriadas a estas várias modalidades. Implica, ainda, que um indivíduo pode mesmo combinar estas modalidades complementares num único acto, tal como a capacidade para despedir um empregado, se as cir-cunstâncias o exigem, mas com a sensibilidade pelas emoções humanas que tal acto inevitavelmente produz" (Bem, 1981, p. 4).

O indivíduo andrógino dispõe, nesta linha de ideias, de um maior leque de comportamentos, o que lhe permite ser autónomo, flexível e adaptado aos diversos contextos.

Apesar de todas as críticas ao conceito de androginia psicológica e

Capítulo 2 – Género e Identidade(s) na Escola 41

aos instrumentos concebidos no seu âmbito, convém salientar que Sandra Bem, ao desenvolver este conceito, vem questionar toda uma tradição que postulava que a identidade do género era o grau de adesão de um indivíduo à imagem considerada adequada para o seu grupo de pertença sexual. O modelo da androginia vem, assim, pôr em causa o modelo da congruência entre a orientação de papéis sexuais e o sexo (Whitley, 1983).

Como salientam Unger (1979) e Lorenzi-Cioldi (1988), o maior contributo do conceito de androginia é a ideia de independência entre o sexo biológico e as componentes psicológicas da identidade de género e o facto de se ter, assim, aberto um novo campo aos estudos deste tipo de identidade. Contudo, tal descentração do domínio biológico passa por uma acentuação da socialização como factor explicativo total da variabilidade de comportamentos de género. É nesta perspectiva que se enquadra Alice Eagly (1987), que propõe que na base das diferenças sexuais ou estereótipos está a divisão sexual do trabalho e que é esta divisão que, por sua vez, leva a expectativas e crenças sobre as actividades mais ajustadas a um e outro sexo. Esta autora conclui, através de estudos realizados em 1982 (Eagly & Wood,1982) e 1984 (Eagly & Steffen, 1984 cf. Eagly, 1987), que as pessoas de alto estatuto nas empresas são vistas como exercendo influências com mais sucesso do que as pessoas com baixo estatuto e que os homens são vistos como tendo mais capacidade para exercer influências e as mulheres como mais influenciáveis. Verifica ainda que o papel profissional é um determinante importante dos julgamentos de atributos agênticos (masculinos) ou comunais (femininos), pois as pessoas em papéis domésticos foram julgadas como mais comunais do que as empregadas a tempo inteiro.

Esta ênfase na socialização defendida por Eagly e outras autoras de origem americana, embora tenha tido uma vertente positiva, que foi a de ter deslocado a atenção dos aspectos biológicos das diferenças entre os sexos para o condicionamento cultural e a estereotipação, perspectivava as mulheres como partilhando uma identidade comum e interesses políticos idênticos com todas as restantes mulheres (Charles, 1996). Olhava as mulheres não só como iguais aos homens, mas também como iguais entre si.

A maior parte das teóricas que se enquadram nesta corrente procura mostrar que a mulher é igual ao homem e que não existem diferenças psicológicas, intelectuais ou de comportamento entre homens e mulheres. É neste sentido que Maccoby (1980, 1988) chama a atenção para o facto de que as diferenças entre os sexos encontradas nas investigações reflectem unicamente médias estatísticas, existindo uma variabilidade bastante significativa dentro de cada sexo, ou seja, que os elementos do sexo masculino e feminino têm mais semelhanças do que diferenças. É nesta ordem de ideias que afirma:

> "Por isso, mesmo se se encontram diferenças sexuais entre os grupos em determinados domínios comportamentais – físico, cognitivo, emocional ou social –, o comportamento individual dos membros dos dois sexos é, frequentemente, muito semelhante. Homens e mulheres, rapazes e raparigas, são mais parecidos que diferentes" (Maccoby, 1980, p. 223).

Estes modelos podem, assim, ser considerados essencialistas, porque assumem o género em termos de qualidades internas e persistentes, descurando a complexidade e o dinamismo dos comportamentos que nascem durante as interacções sociais. O essencialismo não implica, necessariamente, a concepção de determinismo biológico, nem deixa de subsistir pela mudança do termo "sexo" por "género". Realmente, muitos dos trabalhos em que se critica o conceito de sexo (Bem, 1974; Eagly, 1987), enfermam do mesmo mal essencialista, pois as diferenças continuam a situar-se dentro dos indivíduos (mesmo que adquiridas socialmente) e são socialmente descontextualizadas.

DA UNICIDADE À MULTIPLICIDADE DE IDENTIDADES

Como já vimos, os inícios dos anos 70 do século XX marcaram uma viragem nos estudos feministas sob a influência dos movimentos pós-modernos e pós-estruturalistas. Afastando-se dos princípios universalistas previamente defendidos pelo feminismo liberal e radical, as feministas pós-estruturalistas reforçam os conceitos de pluralidade e diversidade (Flax, 1990; Scott, 1990) que se reflecte no modo de conceber a identidade. O "mundo interior" fixo e essencial passa a ser substituído pelos conceitos de fragmentação, multiplicidade e performatividade (Bettie, 2003; Butler, 1990). A ideia de fragmentação implica a articulação entre, por exemplo, a raça, o género e a classe social. Deleuze e Guattari (1987), em contrapartida, preferem o conceito de multiplicidade, porque consideram que a fragmentação contém em si a noção de totalidade e unidade. A multi-

Capítulo 2 – Género e Identidade(s) na Escola

plicidade implica a concepção de várias identidades que não têm um padrão fixo ou comum e que emergem através das diversas comunidades que habitamos e da multidimensionalidade em que participamos na vida social. Assim, tendo em conta que as posições sociais estão hierarquicamente ordenadas pela sociedade em que estamos inseridos e que cada um de nós pertence simultaneamente a grupos dominantes e subordinados, as diferenças nas posições sociais produzem diferentes "eus" e identidades que vão influenciar psicologicamente o nosso desenvolvimento e se reflectem em diferentes comportamentos. Por sua vez, o modo como vamos participar na sociedade reflecte os "eus" que incorporamos nas múltiplas posições sociais que ocupamos (Fouad & Brown, 2000).

Certos autores pós-estruturalistas (Davies & Harré, 1990; Harré & Lagenhove, 1999) acentuam que as identidades se foram tornando cada vez mais fragmentadas e instáveis com a modernidade tardia porque passaram a ser construídas através de discursos contraditórios e/ou antagónicos. Por exemplo, a identidade cristã pode desafiar uma identidade feminista; a identidade de consumidor pode entrar em conflito com a identidade de defensor do meio ambiente.

> Neste sentido, poderia dizer-se que: "(...) formamos um 'sentido de eu', escolhendo uma versão do 'eu' de todas as versões possíveis de 'mim'. Isto é um fechamento, que é, contudo, temporário" (Jorgensen & Phillips, 2002, p. 111)".

O conceito de performatividade de género foi desenvolvido por Judith Butler (1990) ao afirmar: "Não existe uma identidade de género por detrás da expressão de género; (...) a identidade é constituída performativamente pela própria 'expressão' que utilizamos para designar os seus resultados" (p. 25), ou seja, o género é uma actuação ou *performance*[3], é aquilo que fazemos num determinado momento e não um modo universal de sermos. Todos usamos uma certa actuação de género, quer ela seja mais, ou menos, tradicional; a questão não é pois a de fazer ou não fazer

---

[3] A palavra inglesa *performance* é utilizada, neste contexto e nos que se seguem ao longo desta obra, para significar um papel que se representa, tal como um actor representa no palco uma personagem, podendo representar várias personagens ao longo da sua vida. Tem, portanto, uma dimensão de flexibilidade, de adaptação aos contextos. Não significa contudo, ao contrário de um actor profissional, que esta representação seja consciente.

uma certa actuação de género, mas que tipo de actuação é realizada. Neste sentido, as identidades, sejam elas de género, raça ou classe, não são a expressão de um "eu" autêntico e interior, mas um efeito "dramático" das nossas actuações.

Tal como os autores e autoras anteriormente referidos, também Butler (1990) acentua a necessidade de pensar a mulher como múltipla e descontínua e não como uma categoria com "integridade ontológica".

Passou a ser defendida a ideia de que haveria diferenças entre as mulheres, tanto de umas sociedades para as outras como dentro da mesma sociedade, constituindo-se, assim, uma linha crítica à perspectiva essencialista da categoria "mulher" que se viria a alargar à categoria "homem" (Connell, 1987). Diversos trabalhos no campo da masculinidade (Connell, 1989; Mac an Ghaill, 1988, 1994) vieram chamar a atenção para o facto de os homens estarem sujeitos à mesma diversidade que as mulheres, sendo atravessados por outras categorias sociais como a raça e a classe social, entre outras (Connell, 1987, 1989; Gilbert & Gilbert, 1998; Haywood & Mac an Ghaill, 2000; Mac an Ghaill, 1994; O'Donnell & Sharpe, 2000; Skeggs, 1997).

Uma nova leitura da "realidade" das relações de género permite olhar até mesmo para as categorias biológicas como sendo socialmente construídas (Freud, 1994), já que a própria dicotomia homem-mulher baseada em critérios biológicos é, ela mesma, problemática, se tivermos em conta que a composição dos cromossomas sexuais, as hormonas e a estrutura genital tornam defensável a existência de mais de dois sexos (Unger, 1979; 1990).

O trabalho de Foucault (por exemplo, 1994, 2003) teve um valioso impacto nestas novas perspectivas ao defender que o poder não é específico de determinados grupos, mas "difuso, descentralizado e horizontal" (Pacheco, 2001, p. 57), percorrendo todas as relações e interacções sociais. O poder estrutura as relações entre os diferentes sujeitos e traduz-se numa dinâmica de controlo e falta de controlo entre os discursos e os sujeitos que são seus agentes. O sucesso do poder depende da sua habilidade em esconder os seus próprios mecanismos[4].

---

[4] A ideia de que o poder oculta os seus próprios mecanismos foi defendida não só por Foucault, mas também por Bourdieu e Passeron (1970) no conceito de violência e por Gramsci (referido por Connell, 1987 e Giroux, 1991, por exemplo) no conceito de hegemonia.

Estas ideias contrariam o pensamento até aí difundido, quer pelo marxismo, quer pelo feminismo, de que o poder era um privilégio dos grupos dominantes. No caso do marxismo, o poder seria exercido pela classe que detinha os meios de produção e no caso do feminismo o poder seria exercido pelos homens. Para este tipo de modelos de dominação, teria de haver uma consciência clara e fixa da identidade associada à classe dominante ou subordinada, bem como uma identidade masculina ou feminina igualmente estável (Bettie, 2003; Weedon, 1987). Na perspectiva de Foucault (1994; 2003), pelo contrário, o poder pode ser usado e desenvolvido por qualquer pessoa e não está ligado a grupos particulares ou a determinadas identidades. Esta óptica significa, ainda, que a resistência ao poder é possível (por exemplo, Foucault, 1994; Giroux, 1991, 1997; McLaren, 1986, 1998), não só através de estruturas organizadas, mas também nas interacções diárias e nas relações íntimas (Charles, 1996).

Esta nova maneira de conceber o poder, bem como o salientar das diferenças entre as mulheres, em oposição à igualdade anteriormente defendida, levanta a questão de saber até que ponto podem existir movimentos de libertação das mulheres, se essas mesmas mulheres são tão diferentes entre si. E se existem mulheres que oprimem outras mulheres com base na sua classe social, raça e etnia, por exemplo, será que se pode continuar a falar na subordinação das mulheres (Charles, 1996)?

É, neste sentido, que algumas feministas, como Adams (1996), consideram que a concepção de identidades fragmentadas retira o poder à mulher, pois para que os movimentos de libertação das mulheres sejam eficazes é necessário o sentido unitário de um "eu". Outras feministas, contudo, consideram que, apesar das mulheres terem múltiplas identidades, pode ser construído um certo sentido de unidade entre elas em certas situações e em torno de certas questões que podem ser comuns, pelo menos em determinados contextos histórico-sociais (Cowan, 1996; Davis, 1996). Invocando as palavras de Boaventura de Sousa Santos (1999, p. 45), e decalcando-as para a problemática de género, dir-se-ia que "temos o direito a ser iguais sempre que a diferença nos inferioriza; temos o direito de ser diferentes sempre que a igualdade nos descaracteriza".

A construção da identidade masculina apresenta particularidades próprias que a diferenciam da construção da identidade feminina. Contudo, tal como nesta última, algumas abordagens designadas de "pró-feministas" acentuam a multiplicidade, como seguidamente veremos.

Masculinidades Hegemónicas e Subordinadas[5]

A partir do momento em que foi acentuada a importância da construção social das categorias de género, o conceito de masculinidade – até então quase ausente da conceptualização e investigação sobre género – começa a atrair a atenção dos investigadores, nomeadamente o conceito de masculinidade hegemónica (Connell, 1987). Tornar-se homem, tal como tornar-se mulher, é uma construção concretizada através das formas socialmente disponíveis sobre o modo de ser masculino e feminino. A masculinidade, tal como a feminilidade, é uma negociação entre os vários discursos disponíveis na cultura em que cada homem e cada mulher estão inseridos (Gilbert & Gilbert, 1998). Constrói-se nas relações que se estabelecem intersexos e intrassexos e através do modo como cada grupo marca as semelhanças e diferenças e se torna mais ou menos poderoso que o outro (Kenway, 1995; Gilbert & Gilbert, 1998).

O conceito de hegemonia de Gramsci serviu de suporte para a concepção de masculinidade hegemónica descrita por Connell (1987), que pode variar, nas suas formas de expressão, com os contextos sociais e históricos, mas que se caracteriza por ser construída em oposição à feminilidade e outras formas de masculinidade subordinada (Connell, 1987). É uma superioridade alcançada através de formas indirectas e camufladas, que se conquista nas práticas institucionais e culturais, implicando, assim, uma aceitação global e colectiva da autoridade.

> "A face pública da hegemonia masculina não é necessariamente o que os homens poderosos são, mas o que mantém o seu poder e aquilo que grande número de homens está motivado para apoiar. A noção de 'hegemonia' implica geralmente um grande consenso. Poucos homens são Bogarts ou Stallones, muitos colaboram para manter essas imagens" (Connell, 1987, p. 185).

A hegemonia não significa uma dominância total, mas sim uma ascendência que é alcançada através de um jogo de forças. Ainda que, em princípio, não se concretize através da força física ou por ameaças

---

[5] Neste contexto, o conceito de masculinidades subordinadas refere-se a todas as identidades masculinas que não são hegemónicas e não a um tipo particular de identidade que Connell (1995) designou de "masculinidade subordinada".

psicológicas, não exclui tal possibilidade. Esta forma de masculinidade mantém-se, precisamente, pelo domínio institucionalizado dos homens sobre as mulheres (Connell, 1987) e outros elementos do sexo masculino (Connell, 1995). Significa uma estratégia colectiva bem sucedida relativamente aos grupos subordinados e que pode ou não estar explícita nas relações interpessoais, mas que o está seguramente nos meios de comunicação, na religião e no mercado de trabalho, por exemplo. Se um determinado padrão de masculinidade hegemónica é posto em causa, quer pelas mulheres, quer por outros homens que não ocupam uma posição hegemónica de identidade, ela pode passar a assumir novas formas para se adaptar aos novos padrões relacionais vigentes (Connell, 1995).

Construindo-se, fundamentalmente, por oposição à feminilidade, a masculinidade hegemónica é, geralmente, definida em termos daquilo que não é: um homem não é uma mulher, um homem não chora, um homem não sente. A hegemonia masculina caracteriza-se pelo repúdio e ridicularização da feminilidade, por uma emocionalidade restrita e/ou contida, pela procura de sucesso e estatuto, pela autoconfiança, agressividade e homofobia (Gilbert & Gilbert, 1998; McLean, 1995). Uma das formas mais recorrentes de se ridicularizar o homem é recorrer a características ditas femininas: dizer que é o "menino da mamã", apresentá-lo a fazer tarefas socialmente atribuídas às mulheres ou, no âmbito desportivo, dizer que "joga como uma menina", para salientar a sua incompetência (McLean, 1995).

A propósito da necessidade de procura e afirmação do sucesso, Miles (1991) refere que no decurso da psicoterapia se torna claro que mesmo os homens mais bem sucedidos trazem sempre consigo o espectro do fracasso, o que o leva a considerar a hipótese de que mais importante ainda que o desejo do sucesso é o medo do fracasso. É como se fosse preciso estar constantemente a provar que se é homem: através da posse de dinheiro, de poder político, de força física ou de actuações sexuais. Ainda segundo este autor, tudo leva a crer que um dos maiores receios dos homens é não serem suficientemente homens, de acordo com os padrões socialmente definidos.

Por outro lado, a cultura masculina está carregada de paradoxos: simultaneamente, ensina-se os homens a desejar as mulheres e a desprezá-las, a ter medo de outros homens, como potenciais competidores, e a desenvolver entre si a ideia de companheirismo. Estes processos, dos quais estão absolutamente inconscientes, fazem com que construam ilhas na sua vida que são mutuamente incompatíveis (McLean, 1995).

Por tudo o que atrás foi descrito, pode entender-se que transformar um rapaz num homem implica a aprendizagem da luta pelo poder e a repressão das emoções. As instituições escolares assumem grande parte da responsabilidade neste tipo de aprendizagem: os rapazes são brutaliza-dos e alvo de abusos físicos e emocionais; enfatiza-se a dureza e a força e despreza-se a sensibilidade, a delicadeza e a intimidade emocional (Kenway, 1995; McLean, 1995). Mesmo os rapazes que não passam por este tipo de experiências sabem que elas existem e que podem ser exercidas sobre eles se não se conformarem às normas.

Mas, além da escola, outras instituições se encarregam de ensinar aos rapazes a masculinidade socialmente considerada adequada: os pais brutalizam os filhos para os ensinar a enfrentar a dureza do mundo; as equipas desportivas e o serviço militar ensinam os "ingredientes" principais da competição – o desejo de vencer pela força e a obediência à autoridade. Para que todo este processo seja eficaz, é necessário que os rapazes e os homens aprendam a ignorar a dor e a emoção. Seja na esfera privada, seja na esfera pública, a maior humilhação que se pode infligir a um homem é dizer-lhe que ele parece uma menina, que chora, que tem medo da dor (Martino, 2001; McLean, 1995).

Como consequência de todos estes processos de socialização, grande parte dos adolescentes são levados a distanciar-se tanto das raparigas como dos rapazes que não são considerados suficientemente masculinos. Esta imagem de masculinidade é criada juntamente com o medo de se aproximarem da imagem feminina, porque qualquer imagem de mas-culinidade é preferível à da feminilidade (Gilbert & Gilbert, 1998; Mac an Ghaill, 1994).

Mas a valorização excessiva da diferenciação por género faz esquecer outras categorias sociais que são igualmente importantes na experiência de cada ser humano. Neste sentido, as diferentes formas de masculinidade são também influenciadas pela etnia, pertença de classe, orientação sexual e pelas relações de poder que se estabelecem entre essas categorias sociais.

A partir de meados dos anos 90, foram identificadas outras formas de identidade masculina, que se constroem preferencialmente na relação entre homens e que foram patenteadas por Connell (1995) com as designa-ções de masculinidade subordinada, masculinidade cúmplice e masculi-

Capítulo 2 – Género e Identidade(s) na Escola   49

nidade marginalizada, conceitos que foram ainda muito pouco integrados nos trabalhos que desde então têm sido levados a cabo, como salienta Skelton (2001).

A masculinidade subordinada diz respeito às relações que se estabelecem entre diferentes elementos do sexo masculino no que se refere à orientação sexual, ou seja, à dominância do homem heterossexual face ao homem homossexual. Esta dominação não se restringe a uma estigmatização cultural, mas exprime-se em práticas concretas nas quais se incluem: violência legal (prisão sob o pretexto de prática de sodomia), exclusão cultural e política, discriminação económica e ataques pessoais. Para a masculinidade hegemónica, a homossexualidade está muito próxima da feminilidade, o que, na perspectiva das teorias *gays*, explica a violência de que são alvo estes homens por parte daqueles que se posicionam numa masculinidade hegemónica (Connell, 1995).

A masculinidade cúmplice é talvez a que abrange, se quiséssemos pôr a questão em termos quantitativos, o maior número de elementos do sexo masculino. De facto, segundo Connell (1995), poucos encarnam totalmente o padrão da masculinidade hegemónica, embora a maior parte dos homens retire proveitosos benefícios da subordinação do sexo feminino, sem se confrontar com os riscos de assumir a "liderança" do sistema patriarcal.

A masculinidade marginalizada entronca na intersecção da categoria de género com as categorias de pertença de classe e etnicidade/raça. Connell (1995) chama a atenção para o facto de este modo de colocar a questão não significar que exista uma identidade fixa associada à classe média e outra identidade igualmente fixa ligada à classe trabalhadora. De facto, tudo leva a crer que existe uma interacção dinâmica entre as diversas formas de ser masculino. Por exemplo, muitas estrelas do desporto de origem africana funcionam como modelos de determinação e força masculina em geral. Simultaneamente, e ainda segundo Connell (idem), é a masculinidade hegemónica dos brancos que ajuda a configurar determinadas formas de identidade masculina nas comunidades negras. Interessa deixar particularmente claro que o facto de certas figuras masculinas (atletas americanos, por exemplo) poderem ser exemplos de uma posição masculina hegemónica não altera em nada a subordinação (em sentido lato) dos homens negros em geral.

Embora se apresente como coerente e racional, como todos os discursos hegemónicos, a masculinidade é um discurso diversificado que

50 *Aprender a ser rapariga, aprender a ser rapaz: teorias e práticas da escola*

apresenta variações de acordo com os contextos e as diferentes formas culturais (Connell, 1987, 1995; Gilbert & Gilbert, 1998; Kenway & Willis, 1998; O'Donnell & Sharpe, 2000).

AS MÚLTIPLAS IDENTIDADES: ILUSTRAÇÕES EM CONTEXTO ESCOLAR

Ao longo desta secção, teremos oportunidade de ilustrar o modo como o cruzamento de diversas categorias sociais (fundamentalmente as três mais consideradas ao longo desta obra, ou seja, o género, a raça/etnia e a classe social) confere diferentes formas de se posicionar na escola, quer ao nível do relacionamento com colegas e professores/as, quer no modo de encarar o processo de ensino-aprendizagem. Veremos como estes diferentes posicionamentos contribuem para uma certa imagem de si e dos outros, configurando diferentes identidades. Teremos ainda possibilidade de exemplificar como certos alunos e certas alunas reproduzem na escola o seu passado social e familiar e como outros e outras encontram formas de estar para além dessa reprodução, escolhendo ou negociando contornos distintos da sua origem social. Os diversos estudos referidos ao longo desta secção evidenciam que o conceito de identidade(s) pode ser conceptualizado de forma mais complexa do que aquela que inicialmente foi concebida pelas primeiras feministas.

Muitos outros aspectos poderiam ser salientados em torno da construção da(s) identidade(s) em outros contextos em que homens e mulheres circulam. Contudo, limitar-nos-emos, dado o âmbito desta obra, ao contexto educativo e, mais especificamente, ao escolar.

Estudos sobre Construção de Masculinidades na Escola

Quando se aborda a situação dos rapazes na escola, uma das primeiras questões que se levanta, de há uns anos a esta parte, é saber até que ponto os rapazes estão ou não academicamente em desvantagem. Embora este tema tenha adquirido grande relevância na actualidade, ele não é, contudo, recente. Há cerca de 30 anos Paul Willis (1977) debruçou-se sobre o insucesso escolar dos rapazes da classe trabalhadora, tendo sido o primeiro estudo de grande envergadura neste domínio. Porém, nos últimos quinze

Capítulo 2 – Género e Identidade(s) na Escola 51

anos verificou-se um considerável aumento de estudos sobre a construção das masculinidades através da escola (Davidson, 2000; Gilbert & Gilbert, 1998; Kenway, 1995; Kenway & Willis, 1998; Mac Ghaill, 1994; Martino, 1995, 2001; O'Donnell & Sharpe, 2000), que alargaram o âmbito do trabalho de Willis. Estes estudos investigaram e questionaram a complexidade da vida académica dos rapazes, focando-se na homofobia, no heterossexismo, no assédio sexual, na violência e no insucesso escolar, para nomear apenas alguns dos mais relevantes.

A associação entre o poder, a competição e o currículo tem sido salientada em muitos destes trabalhos, considerando-se o próprio currículo como o cerne desencadeador dessa competição. Numerosos estudos demonstraram que a escola é um dos principais locais, como já anteriormente foi referido, onde os rapazes aprendem a ser masculinos, através dos discursos associados às disciplinas, ao desporto, às brincadeiras, ao conhecimento, à avaliação e à relação com os/as professores/as e os outros alunos e alunas (Connell, 1989; Kenway, 1995; Mac Ghaill, 1994; Saavedra, 2001).

Connell (1989) considera que é na relação entre o currículo e os alunos que se definem e configuram determinadas formas de masculinidade, sublinhando o facto de aqueles que fracassam academicamente procurarem outros meios para validar a sua masculinidade. Saliente-se, contudo, que "as escolas não produzem masculinidades de uma forma directa e abertamente determinística, mas que a construção das identidades dos estudantes é um processo de negociação, rejeição, aceitação e ambivalência" (Haywood & Mac an Ghaill, 2000, p. 59).

As abordagens não essencialistas à identidade masculina têm realçado, de uma forma mais ou menos explícita, não só a influência de categorias como a classe social, a raça e a etnicidade, mas também as várias masculinidades que surgem dentro da mesma classe social (Almeida, 1995; Brown, 1987; Mac an Ghaill, 1994; O'Donnell & Sharpe, 2000) e ainda a maneira como umas categorias se podem tornar mais influentes do que outras, de acordo com os contextos sociais, históricos e culturais. Como refere O'Donnell e Sharpe (2000):

> "O problema ao tentar analisar qualquer forma de masculinidade é estabelecer com alguma precisão as influências que a estruturam. (…) é importante reiterar que as influências de classe, geracionais, patriarcais e étnicas contribuem todas para a formação de masculinidades, mas não de uma forma previsível ou redutível a uma fórmula" (p. 44).

Na construção da identidade masculina, a classe social e a etnicidade parecem ter diferentes pesos, conforme se trate de alunos "brancos", africanos ou asiáticos, sendo que nos "brancos" a classe social aparenta ter um papel preponderante na construção da masculinidade, enquanto nos alunos africanos e asiáticos o peso do racismo e a resposta étnica que daí advém se mostram mais significativos que a classe social.

A partir de meados dos anos 60, alguns autores foram sensíveis ao elevado índice de insucesso escolar que atingia os rapazes da classe trabalhadora. Os estudos levados a cabo tendo por base esta preocupação vieram a dar origem a questões associadas com a forma de se ser masculino. Mas, enquanto uns, como Hargreaves, (1967) e Lacey (1970), acentuam o papel determinante que os professores e as professoras detêm neste insucesso, pelo modo como se relacionam com esses alunos, levando--os a um abandono precoce da escolaridade, outros autores, nomeadamente Willis (1977), consideram que é a constante defesa e afirmação da cultura da classe trabalhadora que faz com que estes alunos fracassem do ponto de vista académico, retirando, assim, qualquer responsabilidade ao sistema escolar e aos professores. Para Willis (idem), a resistência dos estudantes da classe trabalhadora à escola, desvalorizando o trabalho intelectual, em defesa de um trabalho manual mais masculino, é uma forma de preservarem o seu próprio ambiente familiar e a identidade masculina veiculada pelos próprios pais. Apesar do cariz socialmente negativo de certos comporta-mentos (tratar as raparigas como objectos sexuais, usar de agressividade com os rapazes homossexuais e com os outros grupos étnicos e raciais), eles conferem aos elementos do grupo dos "machos" (*macho*) uma per-cepção pessoal de valorização de si e do grupo.

Outros autores encaram, contudo, a interpretação de Willis como uma visão romântica da masculinidade da classe trabalhadora e questionam que esta forma de masculinidade seja uma das principais formas de resistência à escola (Haywood & Mac an Ghaill, 2000; O'Donnell & Sharpe, 2000). Paralelamente, alguns estudos vieram chamar a atenção para um leque mais diversificado de identidades masculinas na escola, nomeadamente associadas aos alunos da classe trabalhadora (Brown, 1987; Mac an Ghaill, 1994). As masculinidades que se revelam na classe trabalhadora estão para além dos "machos" caracterizados por Willis (Brown, 1987). De facto, o trabalho de Brown chama a atenção para a diversidade de formas de estar na escola dentro da classe trabalhadora: os "fracos alunos" (que o autor designa de *getting in*), que querem

Capítulo 2 – Género e Identidade(s) na Escola

preservar a sua cultura de classe e sair da escola para entrar o mais rapidamente possível no mundo do trabalho; os "estudiosos" (ou *getting out*, nas palavras de Brown), que procuram através da escola apropriar--se da cultura e estilo de vida da classe média; e os "alunos normais" (*getting on*), que nem rejeitam, nem aceitam, a escola, mas que lhe obedecem.

Num âmbito mais alargado, incluindo estudantes da classe trabalhadora e da classe média, a investigação levada a cabo por Mac an Ghaill (1994) distingue, quatro categorias de alunos, caracterizando-se por diferentes modos de estar na escola, se relacionarem entre si, percepcionarem os colegas e se comportarem face aos professores e ao processo de ensino--aprendizagem. Estas categorias, representando quatro formas de identidade masculinas foram designadas por: os "rapazes macho" (*the macho lads*), os "academicamente bem sucedidos" (*the academic achievers*), os "novos empreendedores" (*the new enterprisers*) e os "verdadeiros ingleses" (*the real englishmen*). Destas quatro identidades masculinas, três são atribuídas predominantemente à classe trabalhadora e uma caracteriza quase exclusivamente a classe média. Em termos étnico/raciais, estes alunos são fundamentalmente "brancos", embora surjam alguns asiáticos incluídos numa das categorias identitárias.

Os "rapazes macho" são provenientes da classe trabalhadora e estão em franco conflito com a autoridade evidenciada pela escola; rejeitam os três Rs oficiais (*reading, (w)ritting e (a)rithmetic*) e os três Rs informais (*rules, routines e regulations*), que são substituídos por três Fs (*figthing, fucking e football*). Questionam a função dos professores, considerando que são os responsáveis pelos conflitos na escola, e não aceitam a sua autoridade, que percepcionam como um autoritarismo ilegítimo[6].

O grupo dos "academicamente bem sucedidos" é constituído por jovens igualmente provenientes da classe trabalhadora que procuram uma mobilidade social ascendente através do credencialismo escolar. Embora pertencendo à classe trabalhadora, nos respectivos meios familiares predominam profissões que exigem algum tipo de especialização. Verifica--se, por outro lado, neste grupo, uma elevada percentagem de asiáticos. Apesar de uma boa relação com o currículo, estes estudantes manifestam uma atitude crítica face aos professores considerando a sua prática de

---

[6] Na perspectiva de Bourdieu e Passeron (1970), se não houver reconhecimento da autoridade do professor, a acção pedagógica não pode ocorrer.

ensino infantil e disciplinarmente inconsistente. São alvo de vantagens materiais e sociais que passam por prioridades em termos de horários, de livros e de aulas especiais, bem como de altas expectativas por parte dos professores e professoras. Em termos curriculares, participam em disciplinas e projectos considerados tipicamente femininos, frequentemente ligados às artes. Muitos docentes e colegas consideram-nos "efeminados". No que diz respeito aos aspectos relacionais, os alunos "academicamente bem sucedidos" são criticados tanto pelos "rapazes machos" como pelos "verdadeiros ingleses" (que pertencem, quase exclusivamente, à classe média). Em termos académicos, este grupo diferencia-se por um forte investimento no estudo, que se opõe ao modo de "realização sem esforço" (Aggleton, 1987, cf. Mac an Ghaill, 1994) característico dos "verdadeiros ingleses", que assumem publicamente que não precisam de estudar para serem bem sucedidos, já que encaram o seu talento como naturalmente associado ao seu grupo. Nos "academicamente bem sucedidos", existe uma combinação entre desejo e esforço: se, por um lado, passam longas horas a estudar, por outro, são muito reservados nas aulas, como se tivessem pouca confiança para mostrar o que sabem ou fazer perguntas sobre o que não sabem. Também neste aspecto estes alunos se distanciam claramente dos "verdadeiros ingleses", que evidenciam uma manifesta segurança nas aulas.

Os "novos empreendedores" são um grupo de rapazes que negoceiam uma nova forma masculina de estar na escola, celebrando o triunfo da racionalidade e da instrumentalidade em direcção ao planeamento e à carreira. Isso é ilustrado pelo envolvimento em esquemas de mini-empresas e pela grande aposta na informática. Embora predominantemente povoado por alunos da classe trabalhadora, inclui também alguns da classe média. Tal como os "academicamente bem sucedidos", estes alunos, embora se queixem dos/as professores/as por os tratarem como crianças, acabam por reconhecer a sua autoridade legítima[7]. Uma das principais críticas que lhes fazem é de serem demasiado tolerantes com os "rapazes macho".

Os "verdadeiros ingleses", que, como já foi referido, são o único grupo da classe média, têm uma relação ambígua com o conhecimento transmitido pela escola e com o seu valor para o mercado de trabalho. Recusam-se a reconhecer, tal como os "rapazes macho", a legitimidade

---

[7] A propósito dos diferentes tipos de autoridade dos professores, ver Almerindo Afonso (1991).

da autoridade escolar, embora este questionamento se efectue de uma forma mais individualista e variada do que a dos "rapazes macho". Avaliam tanto os colegas como os/as docentes em função do seu capital cultural e pensam ser possível negociar com os professores certos aspectos do currículo. Os professores e as professoras sentem, frequentemente, que é mais difícil responder às críticas bem formuladas e bem justificadas destes alunos e aos conflitos que eles geram do que à contestação dos "rapazes macho", para além do facto de inverterem, frequentemente, as posições de poder na sala de aula. A masculinidade deste grupo enfatiza a honestidade, a individualidade, a autonomia e o ser diferente, que eles encaram como um valor ausente da cultura da classe média. A sua relação com os "rapazes macho" é ambivalente: se, por um lado, constroem imagens positivas sobre aquilo que consideram ser a autenticidade do proletariado e sobre o seu lado de "nobres selvagens", por outro lado, consideram-nos vulgares e agressivos e exercem, frequentemente, violência sobre eles.

Uma das principais conclusões que Mac an Ghaill (1994) retira do trabalho que levou a cabo é que a classe social tem um papel preponderante na construção da masculinidade na escola. Esta afirmação pode, contudo, se tivermos em conta outros estudos, afigurar-se como demasiado redundante, tendo em consideração que os alunos abrangidos pelo estudo de Mac an Ghaill eram praticamente todos "brancos", com excepção de alguns asiáticos, como já anteriormente foi referido. De facto, trabalhos desenvolvidos com outros grupos étnicos apontam para algumas linhas de interpretação sensivelmente distintas.

O'Donnell e Sharpe (2000) sublinham o facto de que, nos rapazes de origem africana, o sistema de escravatura que vigorou no passado (exercendo ainda a sua influência nos estereótipos difundidos na cultura ocidental) e o racismo podem ter um papel mais determinante na construção da sua masculinidade do que a classe social. Isto não significa negar a importância da classe social, mas antes valorizar uma relação entre classe, etnicidade e género diferente da que acontece nos rapazes "brancos" e perceber que as relações que histórica e culturalmente se estabeleceram entre africanos e não-africanos contribuíram para a construção de uma determinada imagem de masculinidade. Convém, aliás, salientar que a maioria dos rapazes africanos pertence à classe trabalhadora ou é proveniente de famílias nas quais os pais têm empregos irregulares e que, por isso, a masculinidade dos rapazes africanos é, em muitos aspectos, idêntica à dos rapazes "brancos" da classe trabalhadora, devido a uma experiência sócio-económica comum. No entanto, o seu passado histórico associado à escravatura e as actuais situações de racismo desenvolvem nos rapazes africanos uma maior desconfiança relativamente ao poder dos "brancos" do que nos restantes rapazes da classe trabalhadora.

Um estudo realizado por Davis (2001) vai na mesma linha conceptual, destacando que os alunos "negros" adoptam uma posição racial e de género única, caracterizada por concepções bem tradicionais de masculinidade e geralmente designada por "machismo negro" (*black macho*) (O'Donnell & Sharpe, 2000). Mas, ao contrário de O'Donnell e Sharpe (2000), Davis (2001) não enfatiza o passado histórico na construção desta identidade, mas fundamentalmente a situação de marginalização académica e a sua pertença de classe. Decalcando as interpretações de Hargreaves (1967) e Lacey (1970), Davis encara esta forma de masculinidade como uma resposta a comportamentos negativos e baixas expectativas, quer por parte dos professores e professoras, quer por parte dos/das colegas. Se, por um lado, estes comportamentos confirmam os estereótipos e expectativas de colegas e professores, por outro lado, através deles, estes estudantes ganham, perante si próprios e o grupo de pertença, uma certa forma de poder e de auto-expressão.

Tendo em conta os diversos estudos que se debruçaram sobre a construção da masculinidade na escola, é de assinalar o trabalho de Willis (1977) como o primeiro marco nos estudos etnográficos deste domínio. O trabalho deste autor tem o mérito de ter reconhecido que as forças estruturais são mediadas por um certo ambiente cultural e que os significados atribuídos ao género são parte desse meio cultural, explicando assim a relação entre masculinidade e trabalho manual e a rejeição de outro tipo de trabalho concebido como feminino e inferior. Contudo, apresentando os seus sujeitos masculinos como se eles fossem "a" classe trabalhadora e descrevendo a cultura da classe trabalhadora como valorizando o trabalho manual, a força física, a dominação sexual das mulheres e a opressão das pessoas de cor, Willis descurou as especificidades culturais de género e raça. Se, por um lado, perspectiva a formação de classe em termos históricos, por outro, conceptualiza o género e a raça como categorias estáticas, em vez de historicamente construídas, deixando assim por explicar a sua criação simultânea com a classe. Em última análise, dir-se-ia que o género e a raça não são tão centrais como a classe social na obra deste autor (Bettie, 2003).

Trabalhos posteriores vieram colmatar esta perspectiva, salientando que a raça e a classe têm pesos diferenciados conforme se trate de alunos "brancos" ou "de cor" e que não é possível falar de "uma" classe trabalhadora, pois existem diferentes configurações para a masculinidade intimamente associadas ao rendimento académico. Independentemente da variação das designações utilizadas pelos diferentes autores parece ser possível concluir que existem três tipos de alunos: aqueles que assumem a sua identidade de classe através de uma rejeição do sistema de valores da escola à custa de um baixo rendimento académico; aqueles que obtêm um elevado rendimento académico a expensas da sua identidade de classe, passando a adoptar uma identidade e cultura da classe média e, finalmente, aqueles que o fazem de feição mais ambígua, nem assumindo uma identidade de classe média, nem rejeitando a sua classe e identidade de origem.

A raça cruza-se com a classe, configurando uma identidade que confere aos alunos "não-brancos" uma postura de rejeição escolar que em certa medida os aproxima dos alunos "brancos" da classe trabalhadora.

Veremos, seguidamente, como, em certas alunas, a raça se sobrepõe à classe, conferindo àquelas que possuem uma origem de classe média uma identidade de classe trabalhadora, em consequência da desvalorização social de que é alvo a sua condição racial, e como só em situações muito concretas e extremas a classe social se torna visível para a grande maioria das alunas e alunos.

Teremos a possibilidade de apreciar como se joga a construção da feminilidade na escola através da classe, raça e género e de deixarmos em aberto a questão de saber até que ponto a complexa rede que se vai desenhando no cruzamento destas três categorias se deve ao facto de estarmos em presença de adolescentes do sexo feminino ou do suporte teórico e analítico da própria autora.

Estudos sobre Construção de Feminilidades na Escola

O número de trabalhos etnográficos sobre o modo das raparigas se situarem na escola é bastante mais reduzido do que o daqueles que têm sido conduzidos com rapazes. Pela qualidade do trabalho realizado e pela

58 *Aprender a ser rapariga, aprender a ser rapaz: teorias e práticas da escola*

orientação teórica subjacente, ilustrativa das abordagens pós-estrutura-listas acima referenciadas, deter-nos-emos mais detalhadamente na obra *Women without class* (Bettie, 2003), que é o equivalente no feminino dos trabalhos anteriormente apresentados neste capítulo. Esta obra representa um estudo etnográfico reflexivo sobre as vidas de alunas brancas e mexicano-americanas a frequentarem o último ano da *high school* (equivalente ao ensino secundário português) de uma escola na cidade de Sacramento, na Califórnia (EUA).

O objectivo principal da autora foi compreender como as adolescentes vivenciam e percebem as diferenças de classe e de raça/etnia na sua cultura de pares e como estes posicionamentos condicionam as percepções das desigualdades sociais na escola, as perspectivas profissionais e pessoais. Neste sentido, o cruzamento do género, da etnia e da classe revela-se particularmente importante, permitindo compreender como as experiências de género e raça das adolescentes em causa tomam forma a partir das diferenças de classe e significados de classe, entendidos estes últimos como uma cultura viva e uma identidade subjectiva.

Para analisar estas questões, Julie Bettie parte do pressuposto de que a "consciência de classe" não se revela automaticamente, nem exclusi-vamente, nas relações de produção e que a identidade de classe pode ser revelada, igualmente, por marcas que existem fora da posição ocupada no mercado de trabalho. Algumas dessas marcas são, por exemplo, as experiências da vida privada, as relações familiares, as relações entre colegas, o modo de utilizar o lazer e as práticas de consumo.

Ao longo do estudo verifica-se que o modo de experienciar a classe social se diferencia de acordo com a raça das alunas, manifestando-se em formas distintas de valorizar a etnia, a classe e o género. Esta valorização ganha maior poder explicativo e torna-se mais evidente nas excepções à regra, ou seja, quando não existe uma coerência entre a classe de origem e a classe futura (situações de mobilidade ascendente e descendente). Na verdade, e ao contrário do que fazem alguns autores que salientam unicamente os padrões típicos, estas excepções ajudam o investigador a compreender como a identidade é negociada em função da raça, género e classe social; daí se revelar significativo compreender "o porquê" e "o como" se tornam excepções. Para o "porquê", parecem existir múltiplas razões (embora se possa determinar um certo tipo de padrão), que não podem, no entanto, ser testadas. Quanto ao "como" se tornam excepções

Capítulo 2 – Género e Identidade(s) na Escola

e como negoceiam as identidades entre a classe de origem e a sua futura classe, torna-se mais fácil de explicitar, tendo em conta a observação participante e as entrevistas que foram levadas a cabo ao longo deste estudo etnográfico, permitindo dar uma resposta mais cabal a esta questão, como teremos oportunidade de ver.

A escola alvo deste estudo, foi escolhida em virtude da sua composição étnica: 60% de estudantes brancos e 40% de origem mexicana. Outras etnias representavam apenas 2% da população da escola. Cerca de 16% dos alunos e alunas mexicano-americanos/as tinham nascido no México e os restantes eram residentes de segunda ou terceira geração. Na sua maioria, os alunos e alunas de etnia mexicana eram de famílias da classe média-baixa e os outras da classe trabalhadora. Muitos destes/as estudantes trabalhavam 30 horas semanais, ou mais, quer para os seus "luxos", quer para contribuírem para as despesas familiares.

As experiências das alunas foram analisadas tomando como ponto de referência as categorias que elas usavam para se descreverem a si próprias e explicarem as respectivas diferenças.

As raparigas brancas repartiam-se pelas seguintes categorias: *Preps*, *smokers* (também designadas por *rockers* ou *trash*), *hicks* e *skaters*. Entre as alunas mexicano-americanas, as categorias utilizadas para se designarem ou porque eram designadas eram as de *mexican-preps*, *cholas* (ou *hardcore*) e *las chicas*. Estas designações estendiam-se igualmente ao sexo masculino, mas a autora deteve-se essencialmente no comportamento do sexo feminino, já que este era o alvo do seu estudo.

Uma das constatações do estudo era de que os grupos eram altamente segregados por raça/etnicidade e por classe social.

As *preps* integravam a maioria das raparigas da classe média de raça/etnia branca. Os seus pais possuíam, quase todos, formação superior e as respectivas filhas alimentavam, na sua maioria, projectos de ingresso no ensino superior, público ou privado. Dir-se-iam equivalentes aos "verdadeiros ingleses" do trabalho realizado por Mac an Ghaill (1994).

As *hicks* eram também alunas maioritariamente brancas que se distinguiam pelo seu interesse pela agricultura. Algumas pertenciam a famílias de proprietários agrícolas, mas outras revelavam este interesse sem ser pela origem familiar. De uma forma geral integravam famílias da

60 Aprender a ser rapariga, aprender a ser rapaz: teorias e práticas da escola

classe trabalhadora com dificuldades económicas, embora algumas possuíssem alguma estabilidade económica. Nas famílias que não estavam ligadas à agricultura, as mães eram cabeleireiras ou secretárias e os pais electricistas ou pintores por conta própria, polícias, etc. Algumas tinham projectos de ingresso na universidade local. O termo usado para as designar retrata uma visão bastante negativa deste grupo por parte da comunidade escolar, o que se torna mais evidente pelo facto de os outros grupos fazerem uma distinção entre "agricultores" e *hicks*. Os primeiros referiam-se a um grupo de facto de origem rural, mas com algum poder económico, relativamente bem considerado mesmo pelas alunas da classe média. Tendo em conta esta distinção, as *hicks* eram avaliadas pela restante comunidade escolar como mal vestidas, "com os dentes estragados" e guiando camiões "a desfazerem-se aos bocados". Nem sempre estas jovens tinham uma consciência clara da conotação negativa que o termo implicava.

As *smokers* integravam alunas brancas oriundas da classe trabalhadora com um baixo rendimento económico e cultural. Por se constituírem como o grupo mais marginalizado, eram igualmente, geograficamente falando[8], o grupo mais difícil de encontrar na escola. A sua apresentação física traduzia uma mistura entre *punk*, *grang* e *rock*, usando calças com buracos e esfarrapadas em baixo, preferencialmente roupa preta, *t-shirts* de *heavy metal* e muitos cadeados. O cabelo era pintado de muitas cores e não levavam para a escola pastas, mochilas ou livros. O facto de serem brancas e simultaneamente pobres, ou seja, pertencerem à hierarquia mais baixa da comunidade branca, podia estar na base dos seus comportamentos marginais, já que a presumível superioridade de se ser branco (ser de cor significa ser "lixo") era desafiada por este grupo. Como para estas adolescentes a pobreza não podia ser explicada pela situação racial, isto implicava um olhar obrigatório para a sua condição de classe. Mas como eram brancas e pobres, e a classe é um conceito difícil de utilizar por estas alunas, a sua condição era ainda assim explicada frequentemente por referência à cor de pele. Uma aluna dizia: "Eu sou um bocado escura, embora não seja mexicana". Para os professores e outros agentes educativos,

---

[8] Pelo facto de fumarem, afastavam-se o mais possível dos edifícios escolares, para estarem mais distanciadas do segurança da escola e para rapidamente poderem sair e fumar na rua no caso de serem detectadas.

o seu reduzido interesse pela escola era explicado como uma opção individual e não como consequência do seu baixo capital cultural.

As *skaters* integravam a maior parte da comunidade branca escolar. Não encaixavam perfeitamente em nenhuma das outras categorias e eram designadas pelos restantes grupos como "as outras", intitulando-se a si próprias como *skaters* ou "alternativas". Pertenciam a uma classe trabalhadora bem estabelecida e apesar das suas casas serem modestas usufruíam dos benefícios de saúde. No entanto, reconheciam-se a si próprias como pertencendo a uma baixa hierarquia na escola. Os pais tinham geralmente terminado a escola secundária e as raparigas tinham o seu futuro planeado para entrar numa universidade local. O seu estilo de apresentação assentava no estilo *retro* dos anos 70, com colares de couro, tatuagens e *piercings*. Em termos escolares, revelavam aspirações de mobilidade ascendente, desejando vir a ocupar uma profissão da classe média. Apesar de se mostrarem hostis com as *preps,* não rejeitavam os seus valores como um todo e sentiam-se incomodadas por terem que competir com elas.

Entre as alunas mexicano-americanas existiam dois grupos com características distintas: as *cholas* e as *chicas*.

As *cholas* (ou *hardcores*) eram geralmente provenientes de uma classe trabalhadora com acentuadas dificuldades económicas e culturais. As profissões ocupadas pelos pais e mães eram tipicamente da classe trabalhadora. Os elementos deste grupo eram geralmente identificados como fazendo parte de *gangs,* ou pretendendo vir a fazer parte, e vestindo--se de uma forma correspondente. Os seus comportamentos eram característicos de uma cultura de rua frequentemente identificada com comportamento criminal, embora o mais frequente é que nada tivesse a ver com ele e representasse unicamente uma forma de pertença étnica. Existiam poucas raparigas nesta categoria porque a maior parte delas abandonava a escola secundária precocemente para ingressar num programa de educação para adultos. Muitas fizeram esta opção por terem tido filhos e como essas escolas tinham horários mais reduzidos tornava-se mais fácil combinar o estudo com a maternidade.

Las Chicas eram designados pela comunidade académica como fazendo parte das "outras", mas identificavam-se a si próprias como *las chicas*. Frequentemente identificadas, tal como as suas parceiras étnicas as *cholas*, como pertencendo a gangs, na verdade estas jovens não aprovavam a violência dos *gangs*, embora revelassem alguma simpatia

62 *Aprender a ser rapariga, aprender a ser rapaz: teorias e práticas da escola*

pelos rapazes que com eles se envolviam, por serem seus irmãos ou namorados. Portanto, tinham uma identificação política e étnica com o *gang,* embora não estivessem ligadas à violência. Provinham geralmente de famílias da classe trabalhadora bem estabelecida, cujos pais tinham completado o ensino secundário e possuíam empregos estáveis. Estas raparigas pretendiam, de uma forma geral, ingressar numa escola vocacional (ou numa universidade privada) para fazer um programa de um ou dois anos que lhes conferisse um certificado.

O modo como os diferentes grupos de adolescentes se comportavam dentro da sala de aula revelava um certo modo de manter a classe social. Assim, enquanto uns grupos apresentavam comportamentos mais ou menos ostensivos de contestação à escola, outros grupos, ainda que pudessem estar desinteressados das actividades académicas, encontravam meios subtis de dissimular esse desinteresse.

Concretizando, dir-se-ia que *las chicas,* tendo escolhido ou tendo sido empurradas para cursos que não preparam para o ensino superior, mostravam-se pouco interessadas no currículo formal, encontrando múltiplas formas de "matar" o tempo: falar de romances amorosos ou ver fotografias durante as aulas (do fim-de-semana, de um casamento, de uma festa, de um bebé) eram algumas das formas de o fazer. A sua contestação à escola assumia configurações menos violentas que as dos seus colegas do sexo masculino (*los chicos*), passando pela representação precoce de comportamentos adultos. Enquanto as raparigas da classe média, que pretendiam entrar no ensino superior (brancas ou mexicano-americanas), usavam a realização académica e a aceitação por parte dos professores e pais como formas de aceder ao estado adulto, as raparigas que não pretendiam ou não podiam ingressar no ensino superior usavam como forma de aceder ao estado adulto o quebrar as normas de sexualidade que a escola considerava adequadas. Isto podia significar, por exemplo, exprimir abertamente a sexualidade (espalhar ostensivamente pó-de-arroz no rosto, pintar os lábios ou os olhos), ficar grávida e ter filhos.

Em contrapartida, as *preps,* sendo raparigas brancas pertencentes à classe média, tinham exactamente o mesmo comportamento, mas faziam--no de modo a passarem despercebidas (maquilhando-se de forma discreta antes do fim das aulas, por exemplo). Além disso, tudo levava a crer que preferiam ter o ar natural de quem não se maquilha, ocultando, assim, o próprio acto de o fazer.

Assim, uma das formas de se definirem face à classe social de origem passava pelo modo de se comportarem no ambiente da sala de aula. Mas este não era o único meio de se afirmarem ou contestarem a classe social de pertença. Outro dos recursos a que as adolescentes recorriam passava pelo seu posicionamento face ao consumo, o estilo de vida e o tipo de compras que faziam. Principalmente nas mulheres, mais do que nos homens, estes comportamentos exprimiam as barreiras simbólicas de classe através das práticas de consumo.

O estilo do corte de cabelo, as roupas, os sapatos, a cor do bâton e do verniz eram algumas marcas simbólicas que serviam para demonstrar a pertença a um grupo ou outro de classe ou raça e que exprimiam determinadas formas de feminilidade. As *chicas* (mexicano-americanas da classe trabalhadora com melhores possibilidades económicas) usavam bâton e verniz escuros, enquanto as *preps* (alunas brancas da classe média) privilegiavam o bâton e verniz rosa ou transparente. Enquanto as raparigas da classe média prolongavam a adolescência através de cores que representam a juventude, a inocência e a alegria, as raparigas da classe trabalhadora representavam-se de modo a antecipar a vida adulta, através das cores fortes a que recorriam na maquilhagem. O que se tornava notório é que as raparigas que não eram *preps* pretendiam diferenciar--se claramente das que o eram, recorrendo a uma feminilidade dissidente. Mas tanto umas como outras exprimiam frequentemente desdém pelos grupos a que não pertenciam: as *preps* pelas não-*preps* e vice-versa.

É ainda de salientar que muitas das formas de se apresentar fisicamente, que diferenciam as classes de pertença dos vários grupos de raparigas, eram preferencialmente entendidas (quer pelas alunas, quer pelos adultos em geral) como diferenças face à sexualidade. Isto significa que as *preps* e os professores em geral percepcionavam as *chicas* e as outras alunas brancas da classe trabalhadora como sendo sexualmente mais activas. No entanto, esta percepção resultava do facto das raparigas *não-preps* mexicano-americanas apresentarem maior tendência para engra-vidar e levar a cabo a gravidez. As raparigas *preps* tinham uma vida sexual idêntica às *não-preps,* mas possuíam outros meios e conhecimentos para controlar a natalidade.

A performance de género de *las chicas*, embora entendida como reflexo de uma vida sexual muito activa, era sobretudo uma forma de rejeitar uma certa versão de escola representada pelas *preps*.

De todos os grupos de raparigas, as *smokers* (jovens brancas oriundas da classe trabalhadora com um baixo rendimento económico e cultural) eram as que apresentavam uma actuação de feminilidade mais crítica. O estilo *punk*[9], a que quase todas recorriam, significava uma clara rejeição das normas de feminilidade e masculinidade. A maquilhagem era usada de forma ostensiva (tanto por rapazes como por raparigas), em conjunto com os cabelos pintados com cores muito fortes (verdes, rosas, azuis, laranjas). Tendo em conta que nos EUA existe pouca consciência de classe, esta apresentação visual parecia representar antes de mais uma transgressão de género. Algumas alunas usavam-na apenas como forma de crítica à feminilidade sancionada pela escola, outras ainda como forma de questionarem a própria feminilidade em si.

Também nas *cholas* (alunas mexicano-americanas provenientes de uma condição de classe bastante desfavorecida do ponto de vista social, cultural e económico), aparecia esta postura face à feminilidade. Enquanto umas mostravam uma feminilidade altamente sexualizada, outras recorriam a roupas idênticas às dos rapazes (calças e *t-shirts* muito largas), o que não significava uma orientação sexual lésbica.

Na verdade, muitas das raparigas cuja performance de feminilidade parecia revelar uma acentuada sexualidade pouco se interessavam pelas relações heterossexuais, pelo casamento ou em ter filhos. Esta percepção da primazia do género – vista pelos professores e pelas outras raparigas – na definição das raparigas em geral ocultava a forma como a identidade de classe e raça modelava os comportamentos das raparigas. O género era, como tal, naturalizado face às outras categorias sociais. E desta forma os comportamentos anti-sociais das raparigas eram desvalorizados. Esta desvalorização passava, quer pelos comportamentos menos adequados na sala de aula (os professores eram capazes de tirar uma revista a um rapaz que a estava ler na sala de aula, mas permitiam que uma rapariga o fizesse), quer pelas próprias lutas entre elas, que pareciam não ser entendidas pelos professores e pelas *preps*.

O modo de encarar a vida romântica e sexual, embora revelasse alguns aspectos comuns que pareciam estar para além da classe social e

---

[9] O estilo *punk* foi criado na Inglaterra pela classe trabalhadora e está associado a uma clara consciência de classe.

Capítulo 2 – Género e Identidade(s) na Escola   65

da raça/etnia, fazia surgir também algumas características distintas entre os grupos de raparigas.

Algumas referiram, ao longo de conversas formais e informais, que era normal para uma rapariga, que tivesse uma relação estável com um elemento do sexo oposto, praticar sexo nesse contexto. Para além dessa situação, em todos os grupos existiam raparigas com actividade sexual fora do contexto de uma relação amorosa, embora concordassem que há um padrão masculino distinto, sendo mais aceitável esse comportamento para os rapazes do que para elas. Parece, no entanto, importante salientar que o interesse das raparigas pelo sexo nem sempre aparecia no contexto de uma relação amorosa e que este comportamento era extensível aos vários grupos, atravessando a classe e a raça. No entanto, a posição de classe e raça fazia com que estes comportamentos parecessem mais visíveis nuns grupos do que noutros. Assim, as raparigas da classe média que usavam métodos de controlo da gravidez e que praticavam o aborto, se necessário, tornavam mais invisível o seu comportamento sexual e este modo de aceder à vida adulta. No caso das alunas mexicano-americanas, os casos de aborto eram praticamente inexistentes e, no entanto, estas jovens recorriam menos do que as brancas (da classe média ou trabalhadora) ao controlo da gravidez. Esta a razão para, neste grupo, a gravidez se manifestar com maior incidência.

O discurso usado para explicar a gravidez, quer por parte das adolescentes, quer por parte da restante comunidade escolar, apoiava-se frequentemente na vitimização das raparigas, ou seja, a gravidez ocorria após a pressão dos rapazes, quando não estavam ainda preparadas para ter actividade sexual. Embora na maior parte dos casos as alunas não estivessem verdadeiramente convencidas desta explicação, este era o recurso que mais frequentemente usavam para se desresponsabilizarem, pois a explicitação do desejo sexual parecia continuar a ser difícil de aceitar por parte do sexo feminino.

Independentemente da razão que levava algumas alunas a engravidar, a gravidez era, para aquelas que não pretendiam ingressar na universidade, encarada como uma forma de aceder ao estado adulto. Muitas destas jovens levavam os bebés para a escola e este procedimento era encarado com alguma tolerância por parte dos professores e professoras nos currículos não-*preps*.

Apesar desta relativa aceitação da maternidade pelas alunas não- *-preps,* isto não traduzia uma crença no romance amoroso. Na verdade, a maior parte das raparigas não confiava nos rapazes, nem em termos afectivos, nem para lhes fornecer apoio económico como pais do seu filho ou filha. Por esta razão procuravam assegurar a sua independência económica.

No que diz respeito ao modo de se transcender a classe social, ou seja, aos movimentos de mobilidade ascendente ou descendente, a autora encontrou mais frequentemente alunas mexicano-americanas com uma origem de classe média e actuando como se pertencessem à classe trabalhadora do que alunas brancas da classe média actuando através de uma mobilidade descendente e com uma identidade da classe trabalhadora. Estas últimas situações (mobilidade descendente) restringiam-se praticamente a jovens com uma orientação sexual dissidente que se associavam a grupos considerados marginais.

Talvez a circunstância das alunas mexicano-americanas frequentarem uma escola em que a conjugação da sua etnia com a classe média era muito pouco frequente contribuísse para a sua mobilidade descendente. Mas o facto das estudantes mexicano-americanas da classe média "passarem" mais frequentemente para a classe trabalhadora do que as alunas brancas evidencia o importante papel da raça quando a classe social se mantém constante.

Relativamente às raparigas brancas provenientes da classe trabalhadora e com uma mobilidade ascendente (frequentando currículos que dão acesso ao ensino superior), foram invocados diferentes motivos evidenciando-se a fuga a "influências negativas" e a necessidade de redimir a má imagem da família, principalmente dos irmãos. Estes aspectos levam a crer que a escola pode trazer alguma vantagem para as raparigas da classe trabalhadora se as compararmos com os seus colegas masculinos. Os rapazes, mais do que as raparigas, parecem sentir-se obrigados a seguir rituais de afirmação da masculinidade que lhes são prejudiciais, como foi amplamente exemplificado por Willis (1977), mas também pelos outros estudos já referidos. As pressões sociais para que as raparigas sigam as regras, como parte da sua definição de feminilidade, deixam-lhes aberto o caminho para serem mais bem sucedidas na escola do que os rapazes da classe trabalhadora. Além de dificilmente se envolverem em comportamentos delinquentes, é pouco comum serem punidas por esses comportamentos, mesmo que eles ocorram.

Capítulo 2 – Género e Identidade(s) na Escola

O envolvimento nas actividades desportivas da escola é, para outras adolescentes, um caminho de acesso a uma posição de classe superior à da sua família de origem. Nestes casos, um contacto com colegas com mais privilégios sociais, culturais e económicos permite-lhes ter acesso a um conjunto de informações fundamentais para escolher o percurso escolar que lhes permita alcançar essa mobilidade, nomeadamente perceber as diferentes consequências de enveredar por um percurso vocacional ou de acesso ao ensino superior.

O maior contacto com a classe média parece ajudar a construir nestas adolescentes uma maior consciência das diferenças entre as várias classes sociais. Este contacto pode acontecer em diferentes momentos da vida, mas os benefícios serão tanto maiores quanto mais cedo ocorrerem, porque neste último caso as pessoas podem mais facilmente ser permeáveis a esta cultura e sentirem-se mais à vontade com ela.

Outro factor importante na mobilidade ascendente é a localização geográfica. Pertencer à classe trabalhadora e frequentar uma escola com predominância da classe média e com um currículo altamente valorizado socialmente é mais determinante do que frequentar uma escola de uma zona rural isolada. A mudança para uma zona mais urbana pode tornar as alunas mais conscientes da sua classe social.

As raparigas brancas da classe trabalhadora que frequentavam os currículos *preps*, ou seja, de acesso ao ensino superior, mostravam uma maior consciência das diferenças de classe do que as suas colegas dos currículos vocacionais e também do maior esforço que tinham que fazer comparativamente às colegas da classe média para alcançar os mesmos objectivos. Idênticos resultados foram encontrados em Portugal num estudo levado a cabo com alunas da classe trabalhadora e da classe média (Saavedra, Taveira & Rosário, 2004), indicando que as alunas da classe média mais facilmente atribuem os seus sucessos académicos a dotes naturais, ao contrário das estudantes da classe trabalhadora que facilmente consideram que é o seu esforço o principal motivo desse sucesso.

A mobilidade ascendente nas raparigas mexicano-americanas da classe trabalhadora que frequentavam o currículo *prep* revestia-se de algumas particularidades. Apesar de partilharem algumas circunstâncias desencadeadoras de mobilidade com as suas colegas brancas da classe trabalhadora, a questão racial conduzia a algumas especificidades. Uma delas traduzia--se em menos tempo partilhado com as colegas dos currículos *preps*, do que as alunas brancas anteriormente referidas, dando preferência às colegas igualmente mexicano-americanas da classe trabalhadora. Aproximavam-se, no entanto, das suas colegas da classe média por uma actuação de género menos sexualizada, usando menos pintura e roupas mais convencionais. O desporto e o contacto com as colegas da classe média representavam, para a maior parte delas, um meio de tomar consciência dos benefícios de seguir um currículo *prep*.

Outro factor que parecia produzir uma influência significativa nos percursos escolares destas alunas era a presença de irmãs mais velhas que já tinham seguido esses mesmos caminhos, ou que, não os tendo seguido, as incentivam a fazê-lo fornecendo capital cultural e social, por vezes económico, que os pais não estavam em condições de conceder. Em algumas alunas foi identificado aquilo a que Julie Bettie chama de "orientação para a imigração" e que, de certo modo, traduz a ideia do "sonho americano" concretizado através da educação. Este tipo de orientação era mais frequente nas jovens mexicano-americanas que seguiam percursos *preps* do que nas que seguiam os percursos vocacionais. No entanto, estas alunas conseguiam identificar as barreiras que se lhes apresentavam e contrabalançar uma dose de esperança com uma equivalente dose de cinismo. Por outro lado, enquanto as raparigas brancas oriundas da classe trabalhadora não tinham forma de explicar as diferenças entre elas e as suas colegas brancas da classe média senão recorrendo ao conceito de classe social, as alunas mexicano-americanas apoiavam as diferenças entre elas e as colegas brancas no conceito de raça. Viam todas as alunas brancas como iguais e como tendo dinheiro e pais com níveis de instrução elevados. Mas, tal como as alunas brancas da classe trabalhadora, experimentavam alguma ambivalência face à sua mobilidade ascendente e à dificuldade em conciliar as duas culturas, com a agravante de que, para elas, a aquisição da nova posição de classe implicava tornarem-se bilingues, enquanto os pais falavam predominantemente o espanhol.

De um modo geral, as alunas da classe trabalhadora, tanto brancas como mexicano-americanas, com um percurso de mobilidade ascendente, tinham uma difícil tarefa a gerir com os pais e a comunidade de origem, em relação à qual procuravam simultaneamente afastar-se e manter-se ligadas. Distanciar-se dessa comunidade e ao mesmo tempo manter o respeito pelos pais gerava conflitos e ambivalência quando percebiam que o seu desejo de mobilidade tinha implícito que haveria algo de errado com a sua família.

A ideia subjacente a todo o trabalho levado a cabo pela autora (e é neste sentido que adopta uma postura eminentemente pós-estruturalista) é de que as várias manifestações de classe não existem fora de determinados significados de género e raça. As alunas que actuam fora de uma coerência entre origem de classe e actuação de classe permitem compreender como a raça/etnicidade, o género e a sexualidade se interceptam com a classe. Assim, ao longo deste estudo pode ver-se como a conjugação da raça com o significado de classe (em que uma pele escura significa ser pobre e branca significa ser da classe média) desencadeia uma actuação de classe trabalhadora entre alunas mexicano-americanas com uma origem de classe média. Esta actuação deriva de uma necessidade em preservar a identidade racial e não ser acusada de funcionar como branca. As representações da cultura popular, associadas às dos meios de comunicação social, que estabelecem uma ligação entre a pele escura e a pobreza, bem como a ausência de um currículo bicultural, ajudam a que estas jovens concebam a cor escura e a classe média como mutuamente exclusivas. Algo de semelhante acontece com a orientação sexual, que conduz as alunas com capital económico e cultural da classe média (mas com uma orientação homossexual) a procurarem refúgio junto de colegas que se sentem marginalizadas, embora por razões de classe.

Mas, para além das actuações de classe trabalhadora de alunas com origem na classe média, existe o reverso da medalha, ou seja, raparigas da classe trabalhadora que actuam como se a sua origem de classe fosse a da classe média. São alunas que frequentam vias escolares que conduzem ao ensino superior e que percebendo as suas desvantagens culturais assimilam o capital cultural da classe média, aprendendo a actuar com uma identidade de classe que não é sua de origem. Estes casos excepcionais permitem compreender que, apesar do capital económico e cultural ter um peso preponderante na determinação da classe futura, esta determinação não é inevitável e que a identidade pode ser negociada e escolhida. Além disso, revelam-nos como outros eixos de identidade, como o género, a orientação sexual e a raça, se interceptam com a identidade de classe e lhe dão forma, ou seja, como a actuação de classe é influenciada por outros factores para além da própria classe.

A este respeito é útil contrabalançar o conceito de *performance* com o de performatividade. O primeiro salienta que cada um de nós tem uma liberdade limitada face ao peso das estruturas sociais que foram historicamente construídas e apropriadas por cada sujeito de uma história específica. O conceito de performatividade aponta para o modo através do qual nós somos produzidos por pesadas estruturas materiais e ideológicas. Salienta em que medida a reprodução das desigualdades é feita por detrás das nossas costas, ou seja, que cada um de nós desempenha papéis de uma peça de classe, raça e género dos quais não temos consciência plena ou dos quais temos apenas uma consciência obscura. Por isso, os actores sociais frequentemente mostram o capital cultural que é consequência dos recursos materiais e culturais a que tiveram acesso. As desigualdades estruturais e institucionalizadas, que são pré-existentes aos indivíduos, produzem, na maior parte dos casos, actuações de raça, classe e género. Mas, como estas estruturas não são automática e inevitavelmente reproduzidas, mas são constantemente constituídas pelas estruturas mais amplas de desigualdade, reaparecem através dos tempos, embora com novas capas. Com poucas excepções, somos levados/as a crer que as raparigas da classe trabalhadora têm um futuro próprio da classe trabalhadora e que as raparigas da classe média têm um futuro típico da sua própria classe.

Pode assim considerar-se que a classe social se apresenta como altamente invisível para as jovens que foram alvo deste estudo. No entanto, seria vantajoso para as estudantes da classe trabalhadora perceberem a estrutura das diferenças de classe e focarem-se nesta estrutura mais do que em acusações pessoais a si e aos outros. A não compreensão das desigualdades sociais gera sentimentos de falta de auto-estima e impede a formação de movimentos de indignação contra os fracassos da democracia, condição essencial para a formação de alianças de classe.

CONCLUSÃO

Pudemos observar, ao longo deste capítulo, como o conceito de identidade(s) de género sofreu alterações que se reflectiram em diferentes formas de conceber a investigação. De uma forma genérica, dir-se-ia que se passou de processos essencialmente quantitativos (porque se considerava ser possível e importante medir a feminilidade e a masculinidade de cada homem e mulher) para processos essencialmente discursivos[10]. A preocupação actual não é a de medir, mas a de interpretar, sabendo que não existe uma única versão da realidade, nem uma única "verdade", e que o investigador é parte integrante dessa realidade, construindo as "verdades" possíveis num dado momento histórico, cultural e social.

Este modo de conceber a investigação torna-se mais explícito nos estudos etnográficos aqui apresentados, que não sendo exclusivos desta orientação teórica, nem a única forma de fazer investigação neste domínio, se tornam bastante ilustrativos (assim o julgamos) do modo como a raça, a classe e o género produzem diferentes configurações às identidades. Pensamos ter ficado patente que quantas mais categorias utilizarmos na investigação mais formas de identidade podem ser reconhecidas nos contextos escolares. Nesta linha de pensamento, verificamos que aqueles autores que recorrem apenas ao estudo da classe trabalhadora, tais como Willis (1977) e Brown (1987), encontram uma menor diversidade de formas de estar na escola do que quando se leva em consideração várias posições de classe social em conjunto com a raça/etnia (Bettie, 2003). O próprio trabalho de Mac an Ghaill (1994) torna-se mais complexo ao entrar em linha de conta não só com a classe trabalhadora, mas também com alunos da classe média que designou de "verdadeiros ingleses". Estes, na sua forma de assimilar a cultura da escola, ainda que a contestando, e no modo de explicar o seu sucesso escolar como um dom natural, podem, com as devidas diferenças desenhadas pelo género e pela raça, ser comparáveis às alunas *preps* brancas e *preps* mexicano-americanas do estudo de Bettie. Paralelamente, são identificados, por esta última

---

[10] Neste sentido, discurso está para além do meramente verbal, porque também as práticas e os comportamentos observáveis se podem considerar discursos, na medida em que constroem a realidade e têm implícita uma certa forma de a encarar, que implica, por sua vez, a apropriação de um certo discurso social e cultural (Parker, 1992).

72 *Aprender a ser rapariga, aprender a ser rapaz: teorias e práticas da escola*

autora, três grupos de adolescentes (dois grupos de brancas – as *hicks* e as *smokers* – e um de mexicano-americanas – as *cholas*) em que o insucesso escolar, os projectos vocacionais pouco ambiciosos e a forte contestação à cultura escolar se aproximam dos "fracos alunos" designados por Brown (1987) e dos "machos" identificados por Mac an Ghaill (1994). Além destes grupos de alunas que se situam em posições antagónicas, quer ao nível de rendimento académico, quer de projectos vocacionais futuros ou de postura na cultura escolar, existem ainda jovens que não se enquadram em nenhuma das categorias existentes e que são genericamente designadas pelas colegas como as "outras", mas que se nomeiam como *skaters*, no caso das "brancas", e como *las chicas*, no caso das mexicano-americanas. São alunas com alguns projectos escolares mais prolongados que podem conduzir à entrada numa universidade local, ainda que de pouco prestígio. Poderiam, ainda que de uma forma um pouco simplista, aproximar-se dos grupos identificados por Brown (1987) como "normais" e por Mac an Ghaill (1994) como "novos empreendedores".

CAPÍTULO 3

ASSIMETRIAS DAS RELAÇÕES DE GÉNERO NA ESCOLA

As relações de género têm sido consideradas simbolicamente assimétricas pela literatura da especialidade (Amâncio, 1994; Lorenzi-Cioldi, 1988), porque, socialmente, se tem atribuído características masculinas e femininas a cada um dos sexos, sendo as masculinas mais valorizadas do que as femininas. Esta diferente valorização tem subjacente uma ideologia masculina que confere maior poder aos aspectos associados à masculinidade.

Por exemplo, segundo Amâncio (1994), a categoria masculina está associada aos significados de indivíduo adulto, diversidade e individualidade. Em contrapartida, a categoria feminina permanece associada a conteúdos biológicos, sendo as diferenças individuais substituídas por uma função social, a reprodução.

Não sendo a escola uma entidade separada do resto da sociedade, torna-se palco destas assimetrias de poder: umas perpetuadas pelos próprios jovens, outras pela política educativa e pela sociedade em geral. Os alunos e alunas fazem aquisições relativamente ao género através do currículo informal, onde se inclui a televisão, os media e a cultura popular. E quando este currículo se combina com o currículo informal dos corredores e recreios da escola é fácil entender o poder que estes aspectos têm no desenvolvimento do género.

O assédio sexual é uma das formas mais explícitas do poder exercido pelos rapazes, embora seja frequentemente escamoteado pelas entidades responsáveis da escola e pelos próprios estudantes. Outras formas de poder são mais indirectas: a hierarquização das disciplinas (ocupando a matemática e a física um lugar de topo), a ideologia inscrita nos manuais escolares e a linguagem sexista dos mesmos manuais, que é aliás usada pelos professores durante as aulas. Tudo isto conduz, no seu conjunto, a uma determinada concepção sobre as funções e posição de cada um dos sexos na sociedade.

Convém, contudo, salientar que a superioridade dos rapazes nas disciplinas de matemática e física e das raparigas nas disciplinas de línguas não significa que este poder/superioridade masculina seja sempre benéfico para o sexo masculino. Algumas das desvantagens revelam--se, por exemplo, no facto de terem insucesso em certas disciplinas pelo facto de assumirem determinadas formas de masculinidade dominante.

Ao abordarmos este tema, iremos fazê-lo considerando fundamentalmente a categoria feminina e masculina como unitária, ou seja, falando dos rapazes e raparigas em geral, sem ter em conta as diferenciações produzidas pelas outras categorias anteriormente referidas, como a classe social ou a raça/etnia. Isto porque, como já foi devidamente explicitado em outros momentos, salientar as diferenças ou as afinidades dentro de cada uma das categorias depende dos objectivos que nos guiam. Nesta linha de ideias, muitas autoras e autores chamaram a atenção para um conjunto de práticas que acentuam as desigualdades de género e a que dedicaremos as páginas que se seguem.

Numa tentativa de abordar diferentes temáticas que contribuem para as assimetrias de género, começaremos por nos centrar na violência e assédio sexual, para seguidamente fazermos referência à hierarquização dos conhecimentos nas diferentes disciplinas. As imagens presentes e ausentes nos manuais escolares, bem como a forma como são representadas, farão parte da secção seguinte, onde será dado algum destaque à linguagem utilizada nos manuais escolares e pelos próprios professores e como esta contribui para a construção de determinadas imagens de masculinidade e feminilidade.

VIOLÊNCIA E ASSÉDIO SEXUAL

Sendo a escola um reflexo da sociedade, compreender o papel da violência e do assédio sexual como uma expressão da masculinidade dominante torna-se um passo fundamental do combate a estes comportamentos no seio das comunidades educativas. A associação entre assédio sexual e masculinidade é apoiada pelo facto de 99% destes comportamentos serem perpetrados pelos rapazes. Embora o assédio sexual praticado pelas

Capítulo 3 – Assimetrias das Relações de Género na Escola 75

raparigas exista, é muito raro, como indicam os números, e restringe-se ao domínio verbal (Hinson, 1995).

O assédio, o *bullying* e outros actos de violência sexual são comportamentos sociais de rapazes que espelham uma concepção de masculinidade dominante e que têm um impacto significativo no dia-a-dia das actividades escolares, traduzindo-se num tempo considerável despendido pelos/as directores/as da escola e pelos/as professores/as no controlo destes comportamentos (Gilbert & Gilbert, 1998).

A violência e o assédio sexual sobre as raparigas devem ser olhados como parte de um problema mais vasto que é a desigualdade de poder nas relações de género, na escola, em casa e no local de trabalho, tendo um impacto negativo na qualidade das relações entre rapazes e raparigas e no rendimento académico de ambos (Kenway & Willis, 1998). No caso da escola, estes comportamentos limitam profundamente a liberdade das raparigas, quer sejam de assédio sexual ou de violência. Exprimem-se através de demonstrações de força física e agressividade – que mesmo não sendo dirigidas às raparigas acabam por ter um efeito de intimidação –, de comentários sobre o corpo das raparigas, de comportamentos ostensivamente rudes e ofensivos. Frequentemente, os elementos do sexo feminino reagem com o silêncio a estas provocações, não porque se sintam agradadas, mas porque é a única forma de não piorar a situação. Por vezes, algumas raparigas resistem a estes comportamentos masculinos através da ridicularização, mas é uma posição difícil de manter por ser rejeitada pelos outros elementos da escola, nomeadamente pelos professores e professoras (Ollis, 1995).

Alguns rapazes são, também, alvo desta masculinidade dominante, ou seja, aqueles que são considerados parecidos com as mulheres, por não serem "suficientemente homens". Ser particularmente eficiente na leitura e na escrita ou cumprir as tarefas académicas, tais como os trabalhos escolares, é uma forma "perigosa" de funcionamento para alguns rapazes, pois são comportamentos ameaçadores para uma certa imagem de masculinidade (Gilbert & Gilbert, 1998).

De facto, o problema da violência e do assédio sexual na escola é muito mais grave do que é considerado pelos professores, pois muitos dos incidentes não são identificados como violentos ou de assédio. São encarados por grande parte dos estudantes como normais e inevitáveis, apesar de terem efeitos prejudiciais tanto para rapazes como para raparigas. E nunca é de mais salientar que estes comportamentos começam logo nos primeiros anos da escola primária (Ollis, 1995).

Os regimes homofóbicos da escola desempenham um papel importante no reforço das ideias dominantes sobre masculinidade e feminilidade. O medo de ser considerado "gay" ou lésbica exerce uma grande pressão sobre todos os alunos e alunas a fim de afirmarem a sua heterossexualidade. Daí que façam tudo para se conformarem com o estreito leque das imagens corporais apropriadas: iniciar a vida sexual ou empenhar-se em arranjar namorada/o (Gilbert & Gilbert, 1998; Ollis, 1995).

A conformidade aos modelos de masculinidade "macho" resulta, na perspectiva de Mac an Ghaill (1994), e como já anteriormente foi referido, na rejeição dos três Rs oficiais (*reading, writing, 'rithemetic*) e dos três Rs não oficiais (*rules, rotines, regulations*) e na adopção dos três Fs (*fighting, fucking, football*). Assim, para aqueles que são homossexuais ou percebidos como tal, o impacto da homofobia e violência exerce tanta pressão sobre eles que os pode levar a abandonar a escola ou a cometer suicídio.

Muitas escolas têm dificuldade em reconhecer a violência existente no seu seio, talvez porque isso possa afectar a sua reputação. Grande parte das abordagens sobre a violência na escola tendem a focar-se nos indivíduos que apresentam esses comportamentos, tratando-os como se fossem assexuados e considerando que os problemas da violência nada têm a ver com a masculinidade. Deste modo, a conduta violenta e abusiva é encarada através da disciplina e da autoridade, sendo esquecidas as relações de poder e conhecimento existentes na escola. Embora algumas abordagens do problema possam mudar o comportamento de um determinado indivíduo, para reduzir a violência é necessário abordar não só as atitudes dos indivíduos, mas também a cultura da escola, as suas relações de poder, bem como as interacções entre os pares, que suportam a violência (Ollis, 1995).

Em vez de uma abordagem autoritária ao problema da disciplina, a escola deveria adoptar uma cultura democrática e justa, tanto na sala de aula, como em termos administrativos globais. Um aspecto essencial é que os alunos e alunas precisam de compreender e vivenciar os comportamentos que as escolas consideram desejáveis e pretendem promover. Para que tal se concretize, estes comportamentos têm de partir de cima, dos professores e da administração escolar.

Capítulo 3 – Assimetrias das Relações de Género na Escola   77

É fundamental, ainda, que a escola permita que todos os alunos e alunas tenham possibilidade de se exprimir em toda a sua diversidade. Envolvê-los nos processos de tomada de decisão, permitir-lhes identificar os problemas e encontrar maneiras conjuntas de os solucionar são outras condições essenciais para promover uma cultura democrática da escola. Mas é preciso também não esquecer a necessidade de encorajar os rapazes e as raparigas a discutir os modos como resistem, desafiam ou se conformam com as expectativas de género.

HIERARQUIZAÇÃO DO CONHECIMENTO

Uma das formas mais comuns de manter as relações de poder na escola é o modo como se encontra estruturado o currículo formal e informal.

Segundo o feminismo pós-estruturalista, quando se faz uma análise curricular e se pretende avaliar o impacto do currículo, é necessário ter em conta não só a intenção dos autores que elaboraram esse currículo, mas também o seu impacto. Examinar cuidadosamente determinados discursos, para descobrir porque é que certas afirmações e formulações aparecem mais do que outras e porque é que umas aparecem e outras estão ausentes, afigura-se como igualmente significativo (Weiner, 1994).

Subjacente a esta maneira de conceber o currículo está o pressuposto de que este não é neutro, nem apolítico e que é uma das formas mais preponderantes para a manutenção de determinadas ideologias e regimes sociais (Weiner, 1994). Clarificando: se a definição do que é "um aluno inteligente" ou "um aluno bem comportado" pode, à primeira vista, parecer evidente, uma reflexão mais aprofundada permite compreender que por detrás destas concepções estão determinadas formas de conhecimento, teorias e ideologias, ou seja, que o conhecimento está em íntima ligação com o poder (Foucault, 1974). Assim encarado, o conhecimento afigura-se como uma forma de fiscalizar a ordem estabelecida. Mas, como este poder não é exercido de uma forma directa, nem pela força física, mas antes se encontra oculto, naturaliza aquilo sobre que incide. Neste sentido, aquilo que é apreendido como "normal e consensual" tem de facto grandes conotações com o poder.

Tanto o currículo formal como o currículo informal têm grande importância na construção da/s identidade/s de género. Daí se terem tornado alvo de muitos trabalhos e preocupações feministas desde os anos 70.

> "Pelos textos escolhidos ou por aqueles que se ocultam, pelos factos que se evocam ou por aqueles que se silenciam, os programas escolares e os seus orgãos privilegiados de difusão, os manuais, são um dos principais valores que transmite a instituição escolar" (Vaquinhas, 1995, p. 93).

Em todas as disciplinas existem exemplos que evidenciam como a perspectiva masculina sobre o mundo é encarada como "normal", enquanto as perspectivas das mulheres e dos outros grupos não dominantes são encaradas como marginais, olhados como "o outro". Assim sendo, o conhecimento encontra-se organizado, seleccionado e valorizado em função desta visão masculina, enquanto as competências e formas de conhecimento associadas às mulheres são desvalorizadas ou omitidas (Amâncio, 1994; Weiner, 1994).

As principais assimetrias de poder ao nível do currículo manifestam--se na bipolarização e hierarquização das diversas disciplinas, nos estereótipos de género presentes nos manuais escolares e no sexismo da linguagem.

Na maior parte dos chamados países desenvolvidos, existe uma polarização na distribuição de alunos e alunas entre a matemática e as ciências, por um lado, e as línguas e as humanidades, por outro. Os rapazes ocupam, preferencialmente, o campo das ciências (sobretudo a física e menos a biologia), matemática e tecnologias (como a arquitectura e as engenharias). As raparigas situam-se, predominantemente, no campo das línguas e humanidades. A esta situação não é certamente alheio o facto de as mulheres terem sido sistematicamente ocultadas na história do conhecimento científico, apesar de terem estado implicadas no mesmo em épocas anteriores à era cristã (Tinoco, 2003).

Tal polarização de saberes reflecte o dualismo de género que está profundamente enraizado na linguagem e na cultura ocidentalizada. Desta forma, intuição, emocionalidade, subjectividade, expressividade e sensibilidade estão associadas às línguas, às humanidades e às artes e caracterizam o que diz respeito ao feminino. Por outro lado, racionalidade, objectividade, frieza e impessoalidade encontram-se associadas às ciências e à matemática, identificando-se com o masculino.

Capítulo 3 – Assimetrias das Relações de Género na Escola 79

Esta bipolarização não seria problemática, por si só, se não contivesse uma hierarquização, isto é, que o conhecimento relativo à matemática e às ciências em geral é muito mais valorizado do que o conhecimento associado às humanidades e ao feminino (Martino, 1995).

Por esta razão, assume relevância analisar o modo como se têm construído determinadas imagens de género face a certas disciplinas. Para esta apreciação, serão tomadas em linha de conta aquelas que ao longo dos diversos estudos realizados nas últimas décadas se revelaram como mais discriminatórias, como é o caso da matemática, das ciências físicas, químicas e biológicas, das línguas, do desporto e da educação física. Será levado em consideração o impacto que estas imagens têm tido na preferência de cada um dos sexos pelas diferentes disciplinas, o seu maior sucesso ou insucesso nas mesmas e as consequências em termos de processos de aprendizagem e percursos vocacionais futuros.

A Matemática

Um dos primeiros domínios académicos a atrair a atenção das feministas, no que diz respeito às desvantagens das raparigas, foi o da matemática (por exemplo, Betz & Hackett, 1983; Hackett & Betz, 1981). Efectivamente, nas duas últimas décadas, foi prestada muita atenção à relação entre género e matemática, tanto ao nível da política educativa como da investigação (Willis, 1996).

Os diversos esforços encetados neste domínio conduziram a mudanças significativas ao longo dos anos, que não se reduziram à matemática, mas se tornaram extensíveis a outros domínios. Contudo, e apesar de um aumento considerável de sucesso das raparigas na matemática, é difícil negar que continua a existir um enviesamento de género na matemática e que muitas das profissões em que esta disciplina é determinante continuam a ser predominantemente frequentadas pelo sexo masculino.

Alguns estudos realizados no estrangeiro indicam que quando ocorrem diferenças significativas de realização na matemática estas tendem a ser favoráveis ao sexo masculino (Leder, 1996). Dados relativos a 1993, no Reino Unido, indicam que por volta dos 16 anos as raparigas continuam a obter piores resultados escolares do que os rapazes (Povey, 1998). Um pouco no mesmo sentido, Gilbert e Gilbert (1998) verificam que as raparigas, após a escolaridade obrigatória, tendem a escolher opções de

80 *Aprender a ser rapariga, aprender a ser rapaz: teorias e práticas da escola*

matemática cujo nível de exigência está abaixo do seu nível de rendimento, parecendo que, para os rapazes, a matemática se afigura como uma de entre as várias formas possíveis de afirmação da masculinidade (Gilbert & Gilbert, idem).

Estudos realizados em Portugal colocam-nos perante um quadro ligeiramente mais complexo, onde nem sempre os rapazes ultrapassam as raparigas, o que não impede, contudo, que ao nível do ensino superior se mantenha o mesmo quadro dos outros países: menor número de alunas nos cursos superiores onde a matemática se apresenta como tónica dominante (Saavedra, Almeida, Gonçalves & Soares, 2004). Embora no ensino básico não se encontrem diferenças estatisticamente significativas entre os sexos ao nível do 9.º ano de escolaridade (Saavedra, 2001, 2001a), no ensino secundário as raparigas superem os rapazes tanto na matemática como nos métodos quantitativos (Pinto, 2002). No ensino superior[11], os cursos onde a matemática (e também a física) é dominante, como nas engenharias, são ocupados por mais de 70% de rapazes. O panorama excede consideravelmente estes valores nos casos da Engenharia Mecânica (96%), Engenharia Electrónica Industrial (93%) e Engenharia de Sistemas e Informática (93%). O facto de a licenciatura em Ensino de Matemática ser ocupado por cerca de 80% de alunas parece evidenciar que o problema, em Portugal, não reside tanto nas dificuldades sentidas na disciplina de matemática e que o afastamento das raparigas de alguns cursos se fica a dever a certas representações de masculinidade associadas a esses mesmos cursos.

Contudo, nos países onde a disciplina de matemática continua a ser uma fonte de insucesso para as raparigas, têm sido adiantadas diversas explicações para estes resultados (Betz e Hackett, 1983; Willis, 1996): umas centram-se nas percepções das raparigas e na sua motivação interna (Fontaine, 1995); outras na importância do papel dos/as professores/as (Leder, 1996; Walkerdine, 1998). Observando as interacções entre alunos, alunas e professores ou professoras de matemática, Leder (1993, cf. Leder, 1996) concluiu que os rapazes interagem, em média, mais frequentemente com o professor ou professora do que as raparigas (as diferenças variam ligeiramente com o ano de escolaridade). Além disso,

---

[11] Os dados relativos a este estudo dizem respeito à Universidade do Minho, embora seja de inferir a possibilidade de serem idênticos noutras universidades portuguesas.

Capítulo 3 – Assimetrias das Relações de Género na Escola　　81

os/as professores/as tendem a fazer mais perguntas aos rapazes, estabelecendo mais interacções relacionadas com o seu comportamento na sala de aula e com o trabalho escolar. Finalmente, foi observado que até ao 3.º ano de escolaridade os professores e professoras concediam mais tempo aos rapazes para concluírem tarefas cognitivamente complexas e mais tempo às raparigas para realizarem tarefas de rotina. Estes resultados levaram a autora a estar em posição de afirmar que, de uma forma geral, os rapazes são tratados de forma diferente das raparigas pelos/as professores/as de matemática.

Na sequência deste estudo, Leder (1996) realizou entrevistas a alunos e alunas e os resultados evidenciaram que 51% dos rapazes consideram a matemática como a sua disciplina preferida, enquanto apenas 21% das raparigas a avaliam do mesmo modo. Em contrapartida, 42% das raparigas nomearam as línguas como as suas disciplinas preferidas.

Na mesma linha de análise que investiga a importância dos professores no desempenho face à matemática, Walkerdine tem dedicado grande parte do seu trabalho ao modo como as atribuições causais são usadas pelos/as professores/as para explicar os resultados escolares de um e outro sexo. Num estudo sobre a avaliação na disciplina de matemática, verificou que o êxito das raparigas nesta disciplina era atribuído pelos docentes a grande esforço e trabalho. Em contrapartida, os fracos resultados académicos dos rapazes eram desculpados, de modo a que as suas capacidades intelectuais se mantivessem intactas. Questionando algumas perspectivas que defendem que os fracos resultados académicos das raparigas se relacionam com barreiras escolares (por exemplo, Betz & Fitzgerald, 1987), a autora considera que os resultados escolares obtidos pelas alunas estão em íntima relação com um discurso sobre a feminilidade que impossibilita a valorização dos seus sucessos, mesmo quando eles são muito evidentes.

Uma diferente linha de investigação considera que as raparigas que são bem sucedidas na matemática são marginalizadas pelas colegas e ridicularizadas pelos rapazes, dando origem a sentimentos de culpa e ambiguidades face à sua feminilidade (Leder, 1986; Isaacson, 1989). Mac an Ghaill (1994), embora não se centrando no problema da matemática, observou que as raparigas parecem estar sob uma pressão constante e que os próprios professores encorajam os comportamentos de dominação dos rapazes face às raparigas, assumindo, por vezes, eles próprios, estes comportamentos.

82 *Aprender a ser rapariga, aprender a ser rapaz: teorias e práticas da escola*

Outra forma de equacionar o problema consiste em considerar que o currículo de matemática não é adequado às características das raparigas e que muitas alunas não conseguem ver nesta disciplina qualquer utilidade para a sua vida actual ou futura (Povey, 1998). É neste sentido que muitas raparigas olham para esta disciplina como demasiado distante e fria (Tarizzo & Marchi, 1999). Apenas uma minoria confere à matemática uma dimensão formativa, reconhecendo que "favorece uma disposição mental para superar obstáculos, tentar resolver problemas e ensina a batalhar", sendo, para algumas, "um ensinamento rico de potencialidades para a formação da personalidade" (Tarizzo & Marchi, 1999, p. 17). Em contrapartida, face ao mesmo assunto, os rapazes vêem esta disciplina como "treino da mente, ensino da racionalidade, do raciocínio, da lógica" (idem, p. 17).

A investigação levada a cabo neste âmbito tem dado origem a algumas propostas de intervenção, onde se conta, por exemplo, uma configuração curricular menos abstracta e mais inclusiva (Povey, 1998). Willis (1996) propõe quatro modos de intervenção, identificando-se cada um deles com determinadas características dos alunos e alunas e que pressupõem estratégias próprias: perspectiva remediativa, não discriminatória, inclusiva e socialmente crítica.

A abordagem remediativa é particularmente indicada para as crianças que devido à sua raça, ao sexo, à classe social ou a outras situações de desvantagem estão menos preparadas que os seus colegas para beneficiar do currículo. Nestes casos, é preciso utilizar estratégias que ajudem essas alunas a prepararem-se melhor, fornecendo-lhes competências, conhecimentos e motivação para alcançarem níveis superiores de aprendizagem (Willis, 1996).

A perspectiva não discriminatória deve ser usada quando a causa do problema se situa numa pedagogia de ensino e avaliação que favorece mais as experiências e interesses de um determinado grupo de alunos e alunas em detrimento de outros. Para que todos os jovens e as jovens tenham igual acesso à matemática e a possibilidade de demonstrar os seus conheciementos, o ensino deve ir ao encontro das suas experiências, fornecendo-lhes o necessário ambiente de apoio ao estudo.

Segundo a intervenção inclusiva, a causa do problema situa-se no conteúdo e sequência do currículo que reflecte os valores e as prioridades da cultura dominante. Neste caso, é preciso reflectir sobre quem é a criança típica a quem o currículo é dirigido, o que deveria ser estudado,

Capítulo 3 – Assimetrias das Relações de Género na Escola   83

por quem e quando. As mudanças passam por alterações curriculares mais adequadas às experiências das crianças, aos seus interesses e necessidades.

Numa perspectiva socialmente crítica, a causa das dificuldades na matemática está no modo como o aluno ou a aluna é construído/a através do currículo e como a matemática é usada, fora e dentro da escola, para produzir privilégios. A solução passa por modificar a hegemonia da matemática e usá-la para promover a justiça social. Neste caso, é preciso ajudar a criança a desenvolver diferentes visões sobre quem obtém sucesso nesta disciplina e aprender a usá-las com vista à justiça social.

De salientar que, na perspectiva de Willis (1996), transformar a matemática numa disciplina com maior sucesso académico não inclui unicamente intervenções dirigidas para o sexo feminino incluindo-se, na sua forma de equacionar a mudança, a atenção conferida a várias categorias sociais para além do género. Esta conceptualização tem subjacente a ideia de que as dificuldades na matemática não se limitam às raparigas, mas a todos os grupos socialmente desvalorizados, ou seja, que o insucesso na matemática está associado ao poder implícito no currículo, onde se conta nomeadamente a valorização social que é conferida a esta forma de conhecimento.

As Ciências

As ciências têm sido um domínio de conhecimento avaliado como predominantemente masculino, tanto na percepção de alunos e alunas como na de professores/as (Harding, 1996; Kahle, 1996; McLaren & Gaskell, 1995).

Entre os vários ramos das ciências, os alunos e alunas classificam a física como a mais masculina e a biologia como a menos masculina, situando-se a química numa posição intermédia (McLaren & Gaskell, 1995). Este modo institucionalizado de conceber a ciência como pertencente ao domínio masculino data do século XVII, quando a *British Royal Society* foi fundada e se propôs estabelecer uma filosofia masculina *"whereby the mind of man may be ennobled with the knowledge of solid truths"* (Keller, 1985, p. 52). Esta postura oficial de conceber a participação feminina e masculina nas ciências teve como efeito que o já escasso trabalho feminino tivesse dificuldade em se transmitir ao longo dos tempos (Lires & Comesaña, 2001). Esta situação tem-se mantido até hoje, apesar das alterações que a partir de meados do século XX ocorreram na filosofia das ciências e que passaram a conceber o conhecimento como socialmente construído. Neste sentido, nem o género nem a ciência podem ser encarados como verdades absolutas, mas antes como dependendo em grande medida de factores culturais, das relações de poder e dos sistemas de valores (Haggerty, 1996; Harding, 1996).

Segundo Kelly (1985), podemos considerar que existem essencialmente quatro tipos de razões que ajudam a construir a imagem da ciência como um domínio masculino: a maior percentagem de rapazes que escolhe esta disciplina; a forma exterior como esta disciplina é apresentada, isto é, a "embalagem"; os comportamentos e interacções que são gerados na sala de aula e o facto da ciência ter sido edificada por uma sociedade patriarcal.

Numerosos estudos, onde se incluem dados estatísticos, demonstram que as ciências são um domínio preferencialmente escolhido pelos rapazes em termos de disciplinas e domínio de actividade (Kelly, idem). Por exemplo, nos EUA, em 1994, dos bacharéis em engenharia apenas 18% eram mulheres e 14.6% tinham feito doutoramento; apenas 16% dos cientistas eram mulheres, embora 25% trabalhassem em "campos" relacionados com as ciências. Segundo outro estudo, das pessoas que trabalham em engenharia, só 6% são mulheres e dos cientistas em informática um número muito reduzido (4%) é constituído por pessoas do sexo feminino (AWSEM, 1997a).

O caso português apresenta algumas particularidades, no sentido em que existem cerca de sete mulheres por cada quatro homens na frequência do ensino superior suplantando consideravelmente a média dos restantes países da Europa (cf. Eurydice, 2003). Contudo, apesar desta elevada percentagem de alunas no ensino superior, dados do Observatório da Ciência e do Ensino Superior, do Ministério da Educação, mostram que embora se verifique uma representação feminina digna de nota em cursos de elevado prestígio social como Medicina (61%), Direito (66.3%) e em outros domínios considerados menos tipicamente femininos como Agricultura, Silvicultura e Pescas (63.5%), uma taxa de feminização elevada mantém-se em cursos do domínio do ensino (Formação de professores e formadores – 82.8%) e da ajuda e cuidados, tais como Enfermagem (81.9%), Trabalho Social e Orientação (91.5%). Paralelamente, a representação feminina continua a ser muito reduzida ao nível da

Construção Civil (30.1%), da Electrónica (16.3%), da Energia e Electricidade (11.2%) e dos Serviços de Segurança (16.9%).

Relativamente à percentagem de mulheres no corpo docente de países como os E.U.A. e a Austrália, verifica-se, que embora as professoras estejam bem representadas na disciplina de Biologia, no que diz respeito à Física a preponderância é essencialmente masculina (Kahle, 1996). Esta realidade não se verifica, contudo, em Portugal, onde a percentagem de professoras atinge os 91%, tanto no caso da Biologia (mais concretamente Ensino de Biologia e Geologia), como no ensino da Física e da Química (Saavedra, Almeida, Gonçalves & Soares, 2004).

Uma segunda razão pela qual a ciência pode ser considerada masculina prende-se com a formatação exterior da sua apresentação, favorecendo essencialmente os interesses e motivações masculinas (Kelly, 1985). Grande parte do currículo da física é apresentado de uma forma despersonalizada e abstracta, atraindo fundamentalmente uma forma de sentir e de se exprimir que socialmente é atribuída ao masculino e que consiste no controlo das emoções, na abstracção e na supressão das ambiguidades. Esta concepção implícita da ciência não só exclui grande parte das raparigas como inibe o desenvolvimento de outro tipo de conhecimento que lide melhor com a ambiguidade e o envolvimento emocional (Harding, 1996). Paralclamente, os materiais didácticos e pedagógicos evidenciam maioritariamente elementos masculinos envolvidos em actividades da física e quase nunca elementos do sexo feminino (Kahle, 1996). Cerca de 80% das ilustrações apresentadas nos manuais escolares representam rapazes em actividades relacionadas com as ciências (Walford, 1980, cf. Scaife, 1998). Se a estes factos somarmos a quase total omissão das contribuições das mulheres cientistas (Alegria & Oliveira, 1994; Lires & Comesaña, 2001; Tinoco, 2003), pode afirmar-se que, de uma forma geral, todos os manuais escolares em todos os níveis de ensino reforçam a ideia de que as ciências e as engenharias são um domínio masculino.

As interacções nas aulas de ciências, facilitando a aprendizagem dos rapazes e dificultando a das raparigas, são outro dos processos que ajudam a estabelecer uma associação entre a ciência e o masculino (Kelly, 1985), como fica patente num estudo levado a cabo por McLaren e Gaskell (1995), em que foram entrevistadas alunas que frequentavam a disciplina de física no grau equivalente ao 12.º ano em Portugal. Embora a maior parte das alunas, num momento inicial, não tivesse consciência de qualquer diferença nas reacções dos dois sexos relativamente à física e no modo de interacção com os/as professores/as – pois a discriminação era encarada como algo de grande escala que passava pela coerção, força física ou violência –, algumas alunas acabaram por identificar expectativas assimétricas dos professores e professoras relativamente ao comportamento de ambos os sexos.

As percepções que os professores e professoras têm relativamente a rapazes e raparigas não passam, de facto, despercebidas a estas últimas, como refere uma aluna num estudo realizado por Tarizzo e Marchi (1999, p. 18):

> "O trabalho desenvolvido da mesma forma por um rapaz e por uma rapariga é avaliado de duas formas diferentes. O facto de um rapaz ter conseguido resolver um problema difícil não é motivo de admiração para um professor, ao contrário do que acontece com uma rapariga. Os professores julgam os homens mais adequados às matérias científicas por terem uma tendência natural para essa área. Vivemos ainda uma concepção um pouco medieval: a de que a mulher se deve dedicar ao estudo das letras".

Voltando à investigação levada a cabo por McLaren e Gaskell (1995), as autoras referem que o facto de a maioria dos professores pertencer ao sexo masculino fazia com que grande parte das alunas evitasse fazer-lhes perguntas sobre a matéria leccionada. Simultaneamente, o facto dos rapazes se considerarem a si próprios melhores do que as raparigas não se afigurava muito encorajador para estas últimas. Apesar disso, a maior parte das raparigas optava por pedir ajuda aos colegas, em vez de se dirigir aos professores, porque apesar daqueles as "gozarem", assediarem e até intimidarem, sempre se sentiam mais próximas deles. Estes comportamentos de assédio e intimidação, bem como o facto de quererem convencer as raparigas de que não têm suficiente domínio sobre a matéria, têm como consequência que as alunas questionem e duvidem das suas capacidades, mesmo quando são bem sucedidas e obtêm classificações escolares elevadas.

Alguns estudos têm demonstrado que existem diferenças de género no estilo de comunicação na sala de aula. Os rapazes tendem a responder às perguntas feitas pelos/as professores/as com mais confiança, assertividade e rapidez, não significando, contudo, que as suas respostas tenham, sistematicamente, grande qualidade. Na verdade, ao contrário das alunas, que levam mais tempo para começar a responder, porque constroem previamente uma resposta mental, a tendência dos rapazes é formular a resposta à medida que falam. As alunas tendem também a participar menos do que os alunos e, quando pretendem fazê-lo, recebem geralmente a mensagem de que o seu contributo não é valioso, desmotivando-se para posteriores participações (Women Science Students and Science Faculty and Staff at NECUSE Colleges, 1996).

Também Tobin, Kahle e Fraser (1990) fazem referência a um maior envolvimento oral dos rapazes nas aulas de física: fazem mais perguntas, levantam a mão para indicar uma dúvida ou para acrescentar algo ao que o professor está a dizer. Quando se trata de manipular o equipamento, os rapazes são mais activos, impedindo frequentemente as raparigas de o fazer, levando a que a sua aprendizagem seja mais eficaz ou pareça sê-lo.

A última forma de dar um aspecto masculino à ciência relaciona--se com o facto de esta ter sido socialmente construída num mundo dominado pelo sexo masculino (Kelly, 1985).

Em termos de intervenção, White (1986, cf. Scaife, 1998) considera que existem algumas barreiras que têm de ser ultrapassadas para que a situação das raparigas face à ciência se altere. É necessário, nomeadamente, perceber que existe um determinismo biológico e cultural que faz com que os géneros se exprimam de modos distintos nas várias disciplinas acadé-micas. Negar a existência do problema no que toca ao diferente fun-cionamento dos géneros nas ciências, mantendo uma visão tradicional sobre os papéis sexuais, é outra barreira a ser derrubada. Finalmente, o medo de que os rapazes possam ser afectados por uma mudança no comportamento das raparigas constitui uma forma deficiente de encarar esta questão e impede que sejam encontrados outros meios de abordar a ciência em termos curriculares.

Face a esta situação, algumas perspectivas argumentam que se as mulheres se tornarem mais parecidas com os homens poderão adaptar-se melhor à actividade científica (Haggerty, 1995). Outras, pelo contrário, defendem que é a própria ciência que tem de ser alvo de mudança, o que já está a ocorrer (Harding, 1996). O estilo competitivo está progressivamente a ser substituído pelo trabalho de equipa e pelo trabalho de projecto, que se afigura mais colaborativo. A AWSEM (1997b) considera que esta maneira de encarar a ciência vai de encontro ao modo de trabalhar do sexo feminino. Mas esta perspectiva parte do pressuposto de que existe

88   *Aprender a ser rapariga, aprender a ser rapaz: teorias e práticas da escola*

uma determinada sensibilidade feminina, ou seja, implica uma visão regressiva, encapsulada numa essência feminina que não tem em linha de conta toda a diversidade da experiência das mulheres, nem a relação de poder que se estabelece, por exemplo, nas relações de género no contexto da sala de aula.

Apoiando-se numa perspectiva feminista liberal, a AWSEM (1997b, 1997c) propõe a introdução de "guias experientes" que possam apoiar e encorajar as raparigas a seguir carreiras no mundo das ciências. Estes guias podem acompanhar as alunas na sua actividade diária e ver como conciliar o início da carreira com a vida familiar e de lazer. Sugerem ainda a apresentação de modelos que lhes permita imaginar-se numa carreira ligada à ciência. Para alcançar este objectivo, propõe-se convites a mulheres cientistas que possam relatar as suas experiências (AWSEM, 1997c).

Apesar das críticas que têm sido feitas a estas soluções, algumas delas poderão ser úteis, se conciliadas com uma visão mais multifacetada da ciência que evite cair na dualidade feminino/masculino (McLaren & Gaskell, 1995) e que tenha em conta as relações de poder que se estabelecem na sala de aula. Tem sido defendido que o papel dos professores é determinante e, neste sentido, Scaife (1998) refere que é essencial estes agentes educativos mudarem as suas concepções de género, reforçando as contribuições das raparigas nas aulas, tal como fazem com os rapazes. Paralelamente, afigura-se importante que os/as professores/as mudem a sua percepção de que a presença quase exclusiva ou maioritária dos rapazes é norma nos cursos de ciências. Simultaneamente, é importante alargar o contexto em que a ciência é aplicada, incluindo situações humanas e do dia-a-dia, adoptar mais do que um estilo de pedagogia e utilizar meios de avaliação mais diversificados.

Apoiando-se numa perspectiva feminista, Haggerty (1995) sugere que a abordagem à ciência deveria ser mais holística e pessoal, tornando-a mais acessível e centrando-a mais no saber e na compreenção do que na procura de um domínio e controlo sobre a natureza.

O Desporto e a Educação Física

O desporto tem sido das áreas onde se tem revelado uma maior diferenciação entre os géneros, quer ao nível da frequência de determinadas

Capítulo 3 – Assimetrias das Relações de Género na Escola   89

práticas desportivas, quer ao nível das crenças que estão associadas aos dois sexos nessa mesma prática desportiva (Louveau, 2001).

Também Portugal não tem fugido a esta realidade, indicando um estudo realizado com cerca de 600 jovens do Ensino Básico que a disciplina de educação física poderia ser considerada o paradigma da masculinidade, pois é a única em que os rapazes dos mais diversos níveis socioeconómicos conseguem superar as raparigas dos diversos níveis socioeconómicos (Pinto, 2002; Saavedra, 2001a).

Este maneira de vivenciar o desporto e a educação física reflecte--se, no nosso país, numa fraca representação das mulheres na actividade desportiva (14% contra 34% dos homens, valores que se aproximam dos níveis do Sul da Europa). No entanto, tem sido política dos países do Centro e Norte da Europa promover a prática do desporto pelas raparigas, dado tratou-se de um direito de cidadania (Marivoet, 2001).

A igualdade no desporto é importante na escola não só para melhorar a capacidade física das raparigas, mas, sobretudo, para mudar as crenças incorrectas de que a participação feminina na prática desportiva não é útil (Priest & Summerfield, 1994).

Muitos estudos têm demonstrado que o desporto traz grandes benefícios para a saúde física das raparigas e mulheres, nomeadamente ao nível da diminuição do risco de ataques cardíacos, de osteoporose e de cancro da mama, por exemplo. A prática de desporto pode ainda melhorar os resultados académicos (The Feminist Majority Foundation, 1995).

As diferenças de género, no que diz respeito ao desporto, estão relacionadas com desigualdades nas relações sociais e daí se considerar cada vez mais necessário estudar de perto a relação entre desporto, feminilidade e sexualidade (Vertinski, 1995), pois em torno da prática desportiva organizam-se ideias acerca do que é ser feminino ou masculino. Para os rapazes, o desporto é um dos aspectos mais "normais" das suas vidas. É uma maneira de fazer amigos, não só porque os colegas que praticam desporto com eles tornam-se parte integrante do seu círculo de amizades, mas também porque o desporto é o alvo privilegiado das suas conversas. Neste sentido, o desporto está em íntima ligação com a socialização. Mas, ao mesmo tempo que o desporto aproxima os rapazes uns dos outros, é um meio preferencial para os afastar ainda mais das raparigas. Primeiro, porque os rapazes valorizam o desporto acima de tudo e, segundo, porque quando querem ridicularizar um mau jogador recorrem a palavras adequadas ao sexo feminino. Por tudo isto, o desporto

90 *Aprender a ser rapariga, aprender a ser rapaz: teorias e práticas da escola*

é um meio privilegiado de diferenciação entre rapazes e raparigas e para muitos rapazes é um indicador da sua masculinidade. À medida que crescem, o desejo de ganhar torna-se uma ideologia associada à masculinidade hegemónica (Gilbert & Gilbert, 1998).

Pelo facto do desporto ser visto como um meio de desenvolvimento da masculinidade, os rapazes são, também, muito mais pressionados para a sua prática (Gilbert & Gilbert, idem), afigurando-se "natural" que as raparigas se percebam a si próprias como menos capazes para a actividade desportiva e, como tal, se recusem a participar de forma tão espontânea (Vertinsky, 1995). Talvez por isso, durante e após a adolescência, há um número muito elevado de raparigas que abandona a actividade desportiva. O 8.º ano parece ser a altura em que as raparigas começam a desinteressar--se do desporto e, por volta do 11.º ano, a grande maioria já abandonou a actividade desportiva (Vertinsky, 1995). Também os rapazes por volta dos 9/10 anos começam já a ter uma ideia formada sobre se são bons ou não no desporto (Gilbert & Gilbert, 1995). Para os rapazes das classes trabalhadoras, a violência que exercem através da prática desportiva parece estar relacionada com o seu próprio fracasso nos outros domínios académicos (Clark, 1998; Connell, 1989; Gilbert & Gilbert, 1998)

A participação feminina no desporto é limitada por determinadas crenças associadas a uma certa imagem de feminilidade, nomeadamente de que os rapazes não gostam de raparigas que ficam sujas e a suar por jogar futebol e de que as atletas que encaram o desporto seriamente são homossexuais (The Feminist Majority Foundation, 1995; Vertinsky, 1995). A par destes aspectos, tudo leva a crer que certos desportos são incompatíveis com as representações do que parece ser adequado para os géneros. Assim se explica que alguns desportos, como a dança, a ginástica rítmica e a ginástica de manutenção, sejam desde longa data considerados eminentemente femininos (Louveau, 2001), enquanto outros são considerados eminentemente masculinos, como o futebol (que atravessa todas as classes sociais), o ciclismo e o atletismo (Marivoet, 2001). Muitas das raparigas que praticam desportos queixam-se, por exemplo, de que os rapazes não lhes passam a bola, que ridicularizam a sua forma de actuação e que só são escolhidas para uma equipa quando todos os rapazes foram já escolhidos (The Feminist Majority Foundation, 1995).

Além disso, a imagem corporal feminina adequada exclui os músculos acentuados (Kopelow, 1993), sendo que muitas raparigas fazem exercício físico apenas para reduzir o peso e moldar o corpo e não para melhorar

Capítulo 3 – Assimetrias das Relações de Género na Escola   91

a sua saúde física. É o caso do "fitness" e da aeróbica, que têm sido considerados por algumas feministas como instrumentos de opressão e de reprodução de padrões de subjugação a determinadas imagens de beleza, sensualidade e símbolo de estatuto. Estas actividades não contribuem para reduzir a hegemonia do homem sobre a mulher, servindo apenas para reforçar ainda mais uma feminilidade baseada na não agressividade, na não competitividade e na graciosidade, bem como para transformar as mulheres em objectos sexuais. Através da aeróbica, treino de peso e actividades de *body-building,* as mulheres estão a participar na sua própria opressão através da sexualização da actividade física (Vertinsky, 1995), tendo em conta que, seja qual for a modalidade desportiva e o objectivo com que é praticada, o corpo está sempre forçosamente presente, "(...) é ele o principal vector onde se inscreve a principal identidade de qualquer indivíduo" (Louveau, 2001, p. 65). Assim, se para os rapazes ser bom no desporto é um atributo valorizado pelos próprios, pelos colegas e pelas raparigas, para estas o desporto é uma maneira de passar o tempo (Kopelow, 1993). Neste sentido, poderia afirmar-se, como faz Louveau (2001, p. 59), que "a divisão em função do sexo do trabalho desportivo equivale à divisão em função do sexo de trabalho profissional, doméstico e mais genericamente dos espaços e das práticas sociais".

E, no entanto, a actividade desportiva ajuda as raparigas a ganhar confiança no seu corpo e em si próprias (The Feminist Majority Foundation, 1995), diminui a tendência para iniciar a actividade sexual demasiado cedo e para engravidar precocemente e ainda aumenta os sentimentos positivos face à escola, diminuindo o abandono escolar e melhorando o rendimento académico (Talbot, 2001).

No âmbito escolar, é importante que os professores tenham uma formação inicial adequada e participem em actividades de formação contínua (Skelton, 1998; Talbot, 2001), que a educação física deixe de ser considerada uma disciplina de "segunda", deixando de reproduzir o dualismo corpo-mente e passando a ocupar o lugar que lhe compete (Skelton, 1998). Paralelamente, é importante tratar segundo uma outra perspectiva as diferenças entre rapazes e raparigas no desporto e na educação física, não naturalizando essas diferenças e actuando com os dois sexos como se de um único se tratasse. Isto pode implicar modificar regras, actividades e jogos, de modo a fomentar uma participação mais igualitária entre os géneros e até segregar pontualmente os grupos de rapazes e raparigas nas actividades em que apresentem mais dificuldades.

92 *Aprender a ser rapariga, aprender a ser rapaz: teorias e práticas da escola*

Simultaneamente, pode justificar-se a programação de actividades de complemento curricular para nivelar rendimentos diferenciados. Parece também ser de extrema importância a desconstrução de mitos associados a determinismos biológicos e sobre actividades e desportos associados ao género, para salientar apenas alguns dos muitos aspectos a considerar nesta matéria (Gomes, 2001).

As Línguas e Literaturas

De uma forma geral, as línguas e literaturas, no que diz respeito ao género, apresentam as mesmas dificuldades para os rapazes, que as matemáticas, ciências e educação física representam para as raparigas. Tradicionalmente, este domínio curricular tem sido associado ao feminino, sendo aquele onde os rapazes parecem apresentar maiores dificuldades de sucesso académico. As estatísticas indicam que, na Austrália, 75% dos alunos em programas intensivos de língua e leitura são rapazes (Zuel, 1994) e que, no Reino Unido, desde que a língua estrangeira se tornou uma disciplina de opção, a frequência de rapazes nesta disciplina diminuiu consideravelmente, sendo o seu rendimento, também, muito inferior ao das raparigas (Clark, 1998).

Um estudo realizado em Portugal (Saavedra, 2001a) aponta para que as raparigas obtêm uma superioridade, estatisticamente significativa, de sucesso nas disciplinas de português e língua estrangeira. Em contrapartida os rapazes obtêm maior percentagem de níveis 1[12] na disciplina de português (73.1% contra 26.9% das raparigas), o mesmo acontecendo com as classificações de nível 2 (67% contra 33% das raparigas). No caso da língua estrangeira, a grande diferença entre o sexo feminino e masculino situa-se no nível 1 (84.8% de rapazes).

Jane Sunderland (1995, cf. Abranches & Carvalho, 1999) refere que, em termos de interacção verbal na sala de aula, os rapazes optam frequentemente pelo silêncio nas disciplinas de línguas, em que se sentem academicamente mais fracos, classificando esta sua atitude de masculina e orgulhosa para escamotear as suas limitações. Ann Clark (1998), ao

---

[12] No actual sistema de ensino, em que avaliação no Ensino Básico se situa numa escala de 1 a 5, os níveis 1 e 2 são considerados classificações negativas.

Capítulo 3 – Assimetrias das Relações de Género na Escola   93

analisar os fracos resultados escolares dos rapazes nas línguas estrangeiras, chega a conclusões semelhantes, referindo que eles se sentem pouco à vontade ao pronunciar palavras numa língua estrangeira e que têm receio de caírem no ridículo perante os colegas.

Em grande parte, as dificuldades dos rapazes nas disciplinas de línguas parecem estar relacionadas com uma atitude negativa generalizada face à escrita e à leitura (Clark, 1998), que os professores detectam desde a escola primária (Gilbert & Gilbert, 1998). A maior parte dos autores concorda que a principal razão destes comportamentos reside no facto de os rapazes considerarem as actividades de leitura como femininas. A sociedade, por seu lado, encoraja-os a não se envolverem em nada que seja associado às mulheres, porque essas actividades são geralmente ridicularizadas (Clark, 1998; Gilbert & Gilbert, 1998; Millard, 1998). A masculinidade é uma "actuação" que assenta no controlo físico, na autonomia e na independência. Ser bem sucedido nas línguas implica, pelo contrário, estar inactivo, ser limpo e organizado, estar atento e ser disciplinado, ou seja, tudo aquilo que contraria a imagem de uma mas-culinidade hegemónica (Gilbert & Gilbert, 1998).

No sentido de encontrar explicações para estas desvantagens dos rapazes nas línguas e literaturas, para além das já referidas, Elaine Millard (1998) aponta para a própria história da escolaridade ao longo dos tempos. Quando a mulher da classe média começou a estudar, por altura da revolução industrial, o conteúdo das suas aprendizagens preparava-a, sobretudo, para os papéis domésticos. Os homens, em contrapartida, dedicavam-se aos estudos comerciais e negócios, pois a sua preparação era essencialmente voltada para a vida pública. Neste sentido, a escola reproduzia a divisão social do trabalho entre os géneros.

As explicações encontradas por Lareau (1992) vão num sentido um pouco diferente, considerando que, durante a escola primária, o apoio dado aos alunos nas tarefas escolares é assegurado sobretudo pelas mães. Nesta fase da escolaridade, o trabalho centra-se, em grande parte, na leitura e na escrita, que deste modo ficam associadas à feminilidade. Trata-se, pois, de uma socialização e de uma modelagem associada à figura feminina.

Independentemente das explicações encontradas para esta situação, muitos professores preocupam-se em escolher textos que não sejam con-siderados "livros de raparigas", com receio de que os rapazes não participem nas aulas de inglês, assumindo, assim, que os livros para os rapazes não

94 *Aprender a ser rapariga, aprender a ser rapaz: teorias e práticas da escola*

se podem centrar em romances ou relações interpessoais (Gilbert & Gilbert, 1998).

Segundo Millard (1998), a alteração desta situação passa por diversas iniciativas, algumas das quais já foram postas em prática em algumas escolas e que consistiriam em estabelecer uma política adequada de leitura. A título de exemplo, uma livraria criou ícones apelativos para indicar os vários estilos de leitura – livros de terror, livros de mistério, livros de guerra, entre outros. Ouvir histórias dos mais diversos tipos contadas por pessoas com boa formação nesse domínio poderia constituir outra medida importante. A utilidade da leitura deveria ser expandida para outros domínios que não exclusivamente as humanidades, nomeadamente para as tecnologias e as ciências, incluindo nas aulas de literatura livros que fossem ao encontro dos interesses dos rapazes, integrando, nomeadamente, mais acção e humor.

O trabalho com os pais reveste-se, igualmente, de grande significado e deveria passar por recolher as suas opiniões sobre a leitura, fomentando a respectiva implementação no âmbito doméstico, já que os homens estão geralmente mais afastados desta actividade que as figuras maternas.

A par de todas estas medidas, seria ainda importante discutir com os alunos e alunas o papel que a identidade de género tem na escolha de certas disciplinas e no rendimento diferenciado associado ao sexo (Gilbert & Gilbert, 1998).

TRANSMISSÃO DE IDEOLOGIAS DE GÉNERO ATRAVÉS DOS MANUAIS ESCOLARES

Os manuais escolares são instrumentos privilegiados de transmissão de ideologias acerca do género. Esta transmissão é feita através de três processos essenciais: pela ocultação de determinadas figuras femininas que fazem parte da história das ciências (como aliás já foi referido de passagem), da literatura e da história em geral; pelas imagens gráficas em que as figuras feminina e masculina são representadas; e, finalmente, pelo sexismo da linguagem patente nos manuais escolares e no modo como o discurso oral é proferido durante a aula.

Estas três dimensões cruzam-se entre si e é por vezes impossível criar divisórias estanques entre elas. Contudo, a representação do feminino e do masculino através da linguagem exige que lhe dediquemos algum

Capítulo 3 – Assimetrias das Relações de Género na Escola

espaço prévio, tendo em conta que a linguagem que utilizamos não é neutra, que está marcada pela história e pelas estruturas de poder (Abranches & Carvalho, 1999) e que o ensino de qualquer disciplina, seja ela o português, a história, a física ou a geografia, é um acto linguístico. Com efeito, é através da linguagem que o saber é representado, mas é também através dela que as pessoas aprendem e ensinam; qualquer que seja a área de ensino, professores e professoras são sempre profissionais da linguagem (Abranches & Carvalho, 1999).

De uma forma geral, todos os textos oficiais portugueses, nomeadamente os novos programas de ensino, usam uma linguagem na qual a palavra "homem" representa, no seu sentido mais geral, simultaneamente o homem e a mulher. Isto implica que as mulheres estão submetidas, em termos linguísticos, aos homens. Este facto estende-se, aliás, a quase todas as línguas que usam o masculino e o feminino. Isto significa que os termos que se referem às mulheres só designam as mulheres, sendo específicos dessa categoria. Em contrapartida, os termos relativos aos homens têm uma dupla função, que é genérica quando se refere aos homens e às mulheres e específica quando se refere unicamente ao sexo masculino (Abranches & Carvalho, 1999).

Assim, usar o "masculino" como ponto de referência levanta o problema de nem sempre ser claro, quando se usa a palavra "homem", se esta se refere exclusivamente ao sexo masculino ou à humanidade em geral (Henriques, 1994). Usa-se a palavra "homem", "aluno" ou "professor" para designar os dois sexos. Além da ambiguidade do termo "homem", existe ainda o problema de, deste modo, a figura feminina ser simbolicamente apagada. Quando se fala do "homem pré-histórico" está a ocultar-se ou, pelo menos, a não tornar explícito que também houve mulheres na pré-história. Paralelamente, o recurso constante a esta expressão faz com que os alunos e as alunas possam pensar que o que é importante na história da humanidade é o que aconteceu ao sexo masculino e que as mulheres não tiveram qualquer peso ao longo do percurso da humanidade. Estas ideias são ainda reforçadas pelo facto de todas as ilustrações referentes a esta época pré-histórica apresentarem unicamente a figura masculina (Henriques, 1994).

O uso do masculino genérico, a que Isabel Barreno (1985) chamou o "falso neutro", é uma prática de tal modo enraizada e naturalizada que o recurso a alternativas é geralmente recebido com grandes resistências, defendendo-se o modelo da neutralidade linguística. Apesar disso, estudos feitos por psicolinguistas e linguistas com crianças e adolescentes sobre a compreensão de nomes e pronomes genéricos demonstrou que estes termos evocam, frequentemente, imagens masculinas, sendo uma maneira de consumar o apagamento simbólico das mulheres (Abranches & Carvalho, 1999).

Além do homem ser o representante do humano, existe ainda outro aspecto a salientar: o facto da representação linguística da mulher ser dependente ou derivar do masculino. A formação do feminino, em português, é feita pela mudança do "o" em "a" acrescentando-se por anteposição o artigo "a" (Abranches & Carvalho, idem).

Subjacente a todas estas questões que se tem vindo a apresentar, está o facto de, desde os primórdios do tempo, terem sido os homens que fizeram a história, a ciência e até a literatura. A fala esteve durante muitos séculos vedada às mulheres. Convém lembrar que as primeiras intervenções em defesa do movimento feminista nas assembleias parlamentares foram feitas por homens, porque as mulheres não tinham entrada nesses locais (Rowbotham, 1992). Portanto, esta longa tradição de vedar o acesso das mulheres aos espaços públicos é certamente a principal responsável pelo tipo de representações que a humanidade tem tido acerca do que é feminino.

O ser feminino foi definido pelo homem. Esta situação tem vindo a alterar-se ao longo dos últimos anos, embora, como é sabido, a representação das mulheres em lugares governamentais seja ainda muito inferior à do homem. Apesar de terem voz pública, inclusivamente em lugares não-governamentais, isso não impede que muitas raparigas continuem a sentir-se inibidas de falar em público, por ter sido essa a imagem que lhes foi transmitida ao longo dos tempos (Henriques, 1994).

A derrogação semântica das mulheres, que foi um termo cunhado por Muriel Schultz em 1975 para designar a desvalorização das palavras associadas às mulheres e a sua conotação sexual negativa (Abranches & Carvalho, 1999), é um processo que resulta em muitas das assimetrias semânticas de termos. Assim, algumas palavras que se afiguram aparentemente equivalentes, quando são do género masculino, significam poder, estatuto e liberdade, e quando são do género feminino estão conotados com negatividade, dependência e sexo. Compare-se o significado dos termos "homem perdido/mulher perdida", "homem livre/mulher livre", "aventureiro/aventureira", "homem honrado/mulher honrada".

Capítulo 3 – Assimetrias das Relações de Género na Escola   97

"Com efeito, é difícil encontrar um termo que designe mulheres que não seja passível de conotar "promiscuidade sexual" (em português nem 'professora', nem 'mãe' escapam a este "fado": a primeira designação é aplicável à 'prostituta com quem os adolescentes iniciam a sua vida sexual'; 'mãe' é o eufemismo mais corrente para prostituta na expressão 'filho/filha da mãe')" (Abranches & Carvalho, 1999, p. 14).

Uma outra manifestação das assimetrias semânticas diz respeito à substituição de uma palavra com conotações negativas por um *eufemismo* (figura de retórica pela qual se disfarçam ideias desagradáveis com palavras menos adequadas mas com efeitos mais suaves e decentes). "Senhora" é um eufemismo para mulher. "Senhora" substitui "mulher" nas portas das casas de banho públicas (homens/senhoras), no desporto (100m homens/ /100m senhoras). (Abranches & Carvalho, 1999).

Reconhecer o carácter discriminatório da linguagem afigura-se um passo decisivo porque permite encontrar meios de "intervir na própria linguagem" (Abranches & Carvalho, 1999, p. 34). Embora seja importante ter consciência de que a alteração do uso da linguagem não muda por si só a hegemonia masculina, pode, no entanto, permitir identificar posições alternativas (Willig, 1999). Referir-se a si próprio como membro de determinados grupos sociais sublinha aspectos mais escondidos da identidade social e permite a eclosão de novas formas de se relacionar com os outros. Neste sentido, defender a utilização de uma terminologia não sexista pode mudar a percepção do que significa ser mulher (Willig, 1999a). A linguagem, ou o discurso nas palavras de Foucault (1997), dá--nos a possibilidade de provocar mudanças, porque, embora ela possa veicular uma certa forma de poder, pode também "minar" esse mesmo poder, impedindo-o de avançar e alterando-o.

Tendo por base o pressuposto de que a linguagem ajuda a construir determinadas identidades e mudanças, muitos estudos têm sido levados a cabo sobre o modo com a figura masculina e a feminina são representadas em termos linguísticos nos manuais escolares. Macauly e Brice (1997) fizeram uma análise dos exemplos gramaticais de manuais de sintaxe americanos editados entre 1964 e 1994 e constataram que os grupos nominais designando mulheres na posição de sujeito e complemento directo e indirecto era de 2:1, enquanto para os homens era de 22:1, surgindo os homens, em 84% dos casos, na posição de sujeito e as mulheres na posição de complemento directo e indirecto. Na categoria de sujeito, as mulheres experimentam sobretudo emoções e os homens "vêem", "consideram" e "pensam"; os grupos nominais que designam os homens estão associados a palavras que implicam actividade intelectual ('o Pedro é inteligente'; 'o João lê'), enquanto que a única vez que a mulher é representada é pela frase 'Maria tentou ler o livro'. Quando as mulheres aparecem na função de complemento indirecto, recebem sobretudo formas de linguagem orais e escritas (dizem-se-lhes coisas, dão-se-lhes ordens, fazem-se-lhes queixas sobre atitudes por elas tomadas). A par destas situações, verifica-se ainda que, enquanto os homens apareciam em papéis de agentes em 56% dos casos, as mulheres apareciam unicamente em 10% dos casos. Finalmente, apesar da palavra 'rapaz' ter praticamente a mesma frequência que a palavra 'rapariga', homem aparece muito mais que 'rapaz' e 'mulher' aparece apenas duas vezes.

Aliás, como salientam Abranches e Carvalho (1999):

> "Poderá parecer surpreendente a coerência destes resultados com os de outros estudos sobre as imagens dos *media*, os livros infantis e manuais escolares. Apesar destas colecções de "exemplos gramaticais" dispersos ao longo dos manuais de sintaxe não construírem *uma* narrativa, a verdade é que "contam histórias" que se inscrevem num universo muito mais coeso do que à primeira vista poderia parecer" (p. 23).

Também Sue Willis (1996) faz referência ao mesmo problema nos manuais escolares australianos:

> "Quase todas as mulheres (excepto as professoras) são referidas como mães ou avós ou a mulher do carniceiro, quase sempre são referidas a cozinhar ou a fazer compras e raramente têm um nome. Os homens, pelo contrário, só ocasionalmente são designados por pai... mas têm quase sempre nomes e são descritos em termos do seu trabalho."" (Willis, 1995, cf. Willis 1996, p. 48).

Na mesma linha de pensamento, num trabalho que se debruçou sobre 20 manuais do 1º ciclo do Ensino Básico em vigor no ano lectivo de 1993/94, o autor considera:

> "Seria ingenuidade nossa acreditarmos que as representações ou histórias presentes nos manuais escolares irão determinar os "cenários"

Capítulo 3 – Assimetrias das Relações de Género na Escola 99

de vida futuros dos meninos e meninas seus leitores. A percepção da realidade não é realizada passivamente pelo sujeito. (...) Porém, a apreensão de estereótipos sexistas e de uma visão unilateral do mundo, num período em que se constitui a sua mundividência, permitir-lhe-á uma coerência que cimentará representações sexistas apreendidas na realidade social" (Fonseca, 1994, p. 17/18)

Uma das primeiras constatações do autor é sobre a assimetria no número de actividades profissionais exercidas pelas personagens masculinas (78 actividades) e femininas (28 actividades). Além disso, a diversidade das actividades profissionais e não profissionais desempenhadas pelo sexo feminino é em cerca de um terço inferior à dos homens.

No entanto, as personagens menina ou rapariga são mais frequentes nos textos (quase o dobro do menino/rapaz), enquanto as ilustrações são equivalentes para os dois sexos. Já no que diz respeito às figuras adultas, os homens são consideravelmente mais representados tanto nos textos como nas ilustrações e nos exercícios (respectivamente 37%, 41%, 46.4%), do que as mulheres (respectivamente 13.4%, 27.6% e 33.3%). Uma conclusão surpreendente é de que, "entre as diversas representações femininas, as dominantes eram a de menina/rapariga, o que nos leva a concluir que as personagens femininas são apresentadas dominantemente pela faceta de menina" (Fonseca, 1994, p. 79).

Tendo em conta a percentagem das figuras femininas e masculinas, conforme os livros se destinam à 1.ª ou 2.ª fase do 1.º ciclo do Ensino Básico, o autor verifica que quanto menor é a idade das crianças maior é a representação das figuras femininas. No 3.º e 4.º ano de escolaridade, a representação masculina é superior à feminina. Estes factos levam Fonseca (1994) a considerar que os autores dos manuais escolares consideram as representações da figura feminina mais adequadas para as crianças.

No que diz respeito às profissões, as mulheres apenas aparecem em 39.2% das situações, por comparação com os 56.4% dos homens. Mas, para além disso, as profissões exercidas pelas mulheres não requerem formação académica (peixeira, pastora, escrava, condessa, ceramista, florista). As únicas excepções são enfermeira e professora. Por isso, além da subrepresentação, as suas profissões estão associadas a menor prestígio.

A relação entre rapazes e raparigas é também abordada nos manuais escolares. Além da referência à segregação sexual, tão característica

100 *Aprender a ser rapariga, aprender a ser rapaz: teorias e práticas da escola*

destas idades, mostram a rivalidade e competição existente entre os dois grupos, como está patente no seguinte texto: "À tarde, quando terminam as aulas, agora que os dias estão bonitos, parecemos uns cabritos correndo e saltando à frente das raparigas para sairmos primeiro" (Leituras, 3º ano, cf. Fonseca, 1994, p. 75).

Desta rivalidade, os rapazes saem vencedores:

> "Esta opção através da sua repetição numa multiplicidade de situações, vai-se instalando como tradição, fundando a crença, constituindo uma visão centrada na realidade e enformando-a, de modo a que *os rapazes são os primeiros, hoje a brincar, serão amanhã a sério, na vida*" (itálico nosso) (Fonseca, 1994, p. 75)

Quanto à representação da figura feminina nas tecnologias, as únicas a que a mulher aparece associada são a culinária e a produção de vestuário, sendo estas transmitidas de mãe para filha.

O grande problema deste modo de conceptualizar as figuras femininas e masculinas nos manuais escolares advém do facto dos professores e professoras só tomarem consciência deste enviesamento de género quando são colocados, intencionalmente, a analisar os manuais escolares. Willis (1996) conclui que o desconhecimento destes enviesamentos nos manuais, quer por parte dos docentes, quer por parte dos editores, é a prova de quão profundamente estes estereótipos estão enraizados na nossa sociedade.

Apesar da não discriminação com base no sexo estar estabelecida na lei, tudo leva a crer que da lei no papel à sua concretização na prática ainda vai um passo de gigante. Mesmo nos domínios em que a presença feminina é considerável, como é o caso da literatura, na lista de livros indicados para o 9º ano de escolaridade não existe um único que tenha sido escrito por uma mulher (Henriques, 1994).

Segundo Irene Vaquinhas (1995), em Portugal, as análises dos programas e manuais escolares não são muito frequentes, e ainda menos aquelas que se debruçam sobre a representatividade do género. Nos EUA, contudo, os manuais escolares são a melhor fonte de informação sobre a abordagem ao currículo. Como tal, são também um dos melhores meios de informação sobre a situação da mulher nas duas últimas décadas (Bernard-Powers, 1995). Tetrault (1986, cf. Bernard-Powers, 1995) equaciona cinco estádios na maneira de pensar a mulher nos manuais de

Capítulo 3 – Assimetrias das Relações de Género na Escola   101

história. No primeiro estádio, verifica-se uma ausência total. No segundo, há o reconhecimento de algumas mulheres "notáveis". No estádio designado de "história bifocal", as experiências das mulheres são relatadas como complemento das do homem. No quarto estádio, que se poderia designar por "história feminista", verifica-se uma reconceptualização da história a fim de incluir as experiências femininas. Finalmente, o último estádio, chamado "história relacional multifocal", consistiria numa visão holística e multidisciplinar da experiência humana.

Tendo em conta os manuais escolares de história, tudo leva a crer que Portugal se encontra no primeiro estádio, ou seja, naquele em que existe uma ausência total da figura feminina, pois no único caso em que uma figura feminina aparece este aparecimento não se deve sequer à sua proeminência como pessoa. De facto, nos programas oficiais de história, verifica-se que a atenção prestada à história das mulheres e ao papel destas na história é quase nula (Vaquinhas, 1995).

Em termos representativos, nos manuais do 2.º e 3.º ciclos do Ensino Básico e nos manuais do Ensino Secundário, somente uma vez é feita referência a uma mulher. Isto acontece no 2.º Ciclo com a figura de D. Beatriz e unicamente por causa de problemas de dinastia provocados pelo seu casamento com o rei de Castela. Neste mesmo ciclo, a figura masculina aparece representada por 23 personalidades. No 3.º ciclo aparecem 12 figuras masculinas e no Ensino Secundário 11 figuras masculinas (Vaquinhas, 1995). Os temas relacionados com a história das mulheres são também muito poucos. No 3.º ciclo aparece unicamente o tema do feminismo. No Ensino Secundário os temas são os seguintes: miscigenação, casamento, taxas de natalidade, taxas de nupcialidade, feminismo e controlo de natalidade. No que diz respeito a subtemas, aparece um subtema no 2.º Ciclo que ocupa 5.3% dos subtemas totais. No 3.º ciclo aparece um subtema que ocupa 2.9% e no Ensino Secundário aparece igualmente um subtema que ocupa 2.4% dos subtemas totais do programa (Vaquinhas, 1995).

O panorama nos EUA parece ter sofrido algumas alterações nos últimos anos (Tetreault, 1986, cf. Bernard-Powers, 1995), verificando-se que a percentagem de ilustrações com figuras femininas aumentou entre 30% a 58% e em seis dos manuais analisados esta representação era superior a 40%. Já no que diz respeito às narrativas, as mudanças não foram tão significativas. Os textos dedicados a experiências de mulheres eram inferiores a 8%.

102 Aprender a ser rapariga, aprender a ser rapaz: teorias e práticas da escola

Numa primeira análise, estes resultados de países estrangeiros apresentam-se como mais positivos do que os encontrados nos manuais portugueses e é preciso ter em conta que os estudos americanos datam de 1986, enquanto o estudo de Irene Vaquinhas é de 1995.

Outro problema aparece ainda associado à fraca representatividade da mulher na História: confundir a história das mulheres com a história do feminismo, como se só nesse momento a mulher tivesse tido participação na história. "É necessário ter em conta, ao longo de todo o processo histórico, a participação feminina, por mínima que seja, na vida económica, social, cultural, etc" (Vaquinhas, 1995, p. 99). Tornar a mulher visível nos programas de história implica ainda fazer referência a figuras que tiveram um papel decisivo em mudanças sociais. Além de se fazer justiça, a sua introdução nos programas de história é importante para valorizar a imagem feminina e deste modo contribuir para uma percepção mais equitativa dos jovens em formação.

Esta questão torna-se ainda mais importante quando se tem em conta o impacto que uma mudança deste tipo pode implicar para os jovens. Nos EUA (Bernard-Powers, 1995), foi implementado um programa numa escola primária que consistiu em ensinar história das mulheres. Verificou--se que não só as raparigas participaram mais activamente na disciplina, como também os rapazes se mostraram mais interessados. Paralelamente, um levantamento de mais de 100 estudos realizados neste contexto permitiu demonstrar que os alunos e alunas que eram expostos a materiais que tinham em conta a igualdade entre os géneros manifestavam um conhecimento mais balanceado sobre o papel das pessoas na sociedade, desenvolviam atitudes mais flexíveis sobre os papéis de género e eram moldados pelos comportamentos contidos nos materiais (Bernard-Powers, 1995).

Perante um quadro de ocultação da figura feminina e de consciência crescente das vantagens de alterar a situação, poder-se-á perguntar porque é que, ao fim de quase três décadas de estudos feministas, os resultados destes mesmos estudos ainda não produziram uma nova configuração dos manuais escolares.

Uma primeira explicação pode residir no facto de os professores e professoras desconhecerem os estudos feministas nos vários domínios em que estes se realizaram. Por isso, torna-se essencial que os agentes educativos tenham conhecimento desses trabalhos para que possam fazer

Capítulo 3 – Assimetrias das Relações de Género na Escola   103

uma análise crítica dos textos existentes e exigir uma mudança nos manuais escolares. Para isso, é fundamental que estes conhecimentos sejam introduzidos na formação de professores/as e que, após a conclusão da sua formação, estes/as tenham possibilidade de realizar actualizações nestes domínios (Bernard-Powers, 1995).

Os manuais escolares são revisitados pelos alunos e pelas alunas inúmeras vezes e, como tal, têm um papel fundamental na construção das identidades. A maneira como os homens e as mulheres são representados nesses textos poderá diminuir a auto-estima das raparigas e limitar os seus projectos profissionais e de vida futura. Quando os exemplos apresentados nos manuais são essencialmente masculinos, quando as raparigas e mulheres que aí aparecem são apresentadas em situações de fragilidade, dependência e quase exclusivamente de vida privada, quando os papéis tradicionais de género são mantidos e quando nunca se apresentam imagens femininas em profissões não tradicionais, é muito difícil transmitir às alunas novos valores e disponibilizar-lhes novos discursos sobre o que é ser mulher (Henriques, 1994).

Pode, no entanto, considerar-se, como afirma Sue Willis (1996), que é praticamente impossível resolver totalmente o problema dos estereótipos nos manuais escolares, como é impossível proteger os alunos e alunas da discriminação fora da escola. Como tal, em vez de se tentar remover todo o sexismo dos manuais escolares, poderia ser mais importante levar os jovens de ambos os sexos a reconhecer esse mesmo sexismo, a compreender o seu significado e a aprender a geri-lo. Paralelamente, afigura-se igualmente importante aproveitar este assunto para levar os alunos e alunas a pensar no que acontece para além dos muros da escola, nas suas próprias casas, promovendo novas formas de conceber o género e a relação deste com certas disciplinas escolares.

CONCLUSÃO

Se, por um lado, o contexto escolar tem replicado as assimetrias de género existentes na sociedade, por outro, tem ajudado a reproduzir e reiterar essas mesmas desigualdades, através de domínios académicos distintamente hierarquizados, de comportamentos de violência e assédio sexual, de relações pedagógicas assimétricas em função do género e de discursos de género nos manuais escolares. Dito de outra forma, o currículo formal e oculto tem mantido certas concepções de feminilidade e masculinidade que se encontram normalizadas e institucionalizadas em contextos sociais mais amplos.

Ao longo deste capítulo, foram apresentados alguns dados sobre mudanças ocorridas nos últimos anos, nomeadamente no que diz respeito a uma cada vez maior representação feminina em áreas de conhecimento consideradas ao longo dos tempos como tipicamente masculinas. Mas, paralelamente, os estudos indicam que nem sempre esta alteração numérica tem tido repercussões numa posição profissional mais prestigiante, já que grande parte das alunas que seguem cursos de ciências se restringe à área do ensino, que continua a ser dominada pelo sexo feminino, sendo esta maior representação tanto mais acentuada quanto mais baixo é o nível de ensino a leccionar. A questão actual parece, pois, não passar por aumentar a presença feminina e masculina neste ou naquele domínio de conhecimento, mas, sobretudo, em provocar mudanças nos padrões de poder entre os géneros.

Os meios utilizados para manter certas perspectivas de género através do currículo e as subjacentes concepções de feminilidade e masculinidade foram alvo de análise, tendo sido avançadas algumas estratégias conducentes a uma maior igualdade entre os géneros. Ao contrário do que continua a circular nalguns meios, estas mudanças não serão desvantajosas para o sexo masculino, mas serão positivas para as relações de género, contribuindo para aumentar o rendimento académico, a igualdade no mercado de trabalho, na escola e na família.

CAPÍTULO 4

REFLEXÕES FINAIS: EQUACIONANDO OS DESAFIOS

No decurso deste trabalho, foram ilustradas diversas concepções de género desenvolvidas ao longo de momentos históricos diferenciados, incidindo em abordagens de cariz epistemológico, de investigação e de intervenção, salientando-se o importante papel que a escola desempenha na construção de determinadas imagens de feminilidade e masculinidade, onde se destacam os materiais pedagógicos e as interacções sociais que ocorrem no espaço escolar. Estas vertentes de socialização escolar têm impacto ao nível da identidade, nomeadamente em expectativas diferenciadas por género sobre sucesso académico e eficácia pessoal, bem como na motivação face à escola e aos processos de aprendizagem, influenciando consideravelmente os percursos vocacionais escolhidos e, como tal, várias dimensões da vida pessoal e social, presente e futura. Perspectivas recentes no âmbito feminista permitiram ilustrar como outras categorias sociais se interceptam com o género, nomeadamente a raça/etnia e a classe social de pertença, contribuindo para um quadro mais complexo, quer ao nível da socialização, quer da identidade.

Apesar das muitas contribuições feministas em diferentes países, as investigações mais recentes têm demonstrado que as relações sociais de género continuam a ser assimetricamente representadas (Pinto, 2004), subsistindo uma clara desigualdade ao nível do mercado de trabalho, apesar do maior número de mulheres habilitadas com diplomas do ensino superior, em grande parte porque as opções escolares e profissionais das adolescentes determinam profissões menos remuneradas e mais frágeis do ponto de vista social (Pinto, 2004).

Tendo em conta que o objectivo último das produções teóricas e de investigação de género pretendem conduzir a uma real alteração de uma ordem social caracterizada pela desigualdade entre géneros, consideramos premente que um trabalho deste âmbito permita algumas reflexões conducentes a uma prática de género mais respeitadora das igualdades, mas também das diferenças de cada uma e de cada um.

Nesta ordem de ideias, consideramos que nenhuma mudança no âmbito das questões de género pode ser verdadeiramente eficaz se não se focar em diferentes níveis de intervenção, passando dos mais abrangentes aos mais circunscritos. É nossa convicção, contudo, que em primeiro lugar será necessário uma verdadeira mudança ao nível do macrossistema, nomeadamente nas políticas educativas definidas por cada país, não porque estas sejam por si só suficientes, mas porque podem ser consideradas o ponto de partida necessário, sobre o qual poderão assentar outras abordagens de âmbito mais específico e restrito, tais como o trabalho com jovens de ambos os sexos, com as famílias, com os docentes e as docentes e com os psicólogos e psicólogas, para nomear apenas algumas.

Política educativa

Verdadeiras e profundas mudanças no que se refere às questões de género só serão concretizáveis se existir uma ideia politicamente definida sobre os aspectos a levar em linha de conta para a concretização da igualdade. Esta definição política não se deve restringir a enunciados vagos e gerais, como aconteceu com a Lei de Bases do Sistema Educativo (Lei n.º 46/86), situação que se agravou com a actual Lei de Bases, (totalmente omissa neste domínio), ou como acontece com a Constituição da República Portuguesa, onde as questões são apenas equacionadas em linhas gerais. A política educativa deve igualmente incluir diplomas legais que concretizem a aplicação de uma política geral.

A este propósito, Teresa Pinto (1999) refere que existem três níveis nos diversos países da União Europeia no que diz respeito ao enquadramento legal desta temática. No primeiro nível, a igualdade entre géneros na escola é contemplada nas Leis Gerais (está presente em todos os países da União, incluindo Portugal). Num segundo nível, está consignada em diplomas legais mais explícitos, mas com reduzida operacionalidade. E, finalmente, num terceiro nível, existem medidas de operacionalização mais sistemáticas.

Em termos de concretização, e apoiando-nos na diversa produção científica referenciada ao longo desta obra, afigura-se cada vez mais

Capítulo 4 – Reflexões Finais: Equacionando os Desafios   107

premente implementar as políticas já iniciadas noutros países e que constituem recomendações da União Europeia, nomeadamente a extinção dos estereótipos profissionais dos manuais escolares, que devem ser alvo de controlo por parte de entidades designadas para o efeito e, em último recurso, pelos próprios professores[13], bem como da linguagem sexista, quer nos manuais escolares, quer na comunicação oral durante o decurso das aulas. A título de exemplo, sugerir-se-ia uma indicação explícita de evitar o uso dos termos "homem" ou "homens" para descrever em termos genéricos os dois sexos, substituindo-os por "pessoa" ou "indivíduo" ou pela referência explícita a "homens" e "mulheres". Igualmente se deveria excluir a referência ao sexo de uma pessoa quando este não é relevante para o assunto em questão.

Paralelamente, e ainda relativamente aos manuais escolares, parece ser determinante a inclusão de autoras femininas nos manuais de línguas estrangeiras, não esquecendo, tanto na disciplina de história como nas disciplinas da área científica, as autoras que contribuíram para o avanço do conhecimento nos mais diversos campos desta actividade.

Profissionais de educação e encarregados de educação

Ao nível da escola deveria promover-se a consciência e reflexão sobre o papel que professores e psicólogos detêm na reprodução de desigualdades sociais (Taveira, 2004), de modo a que seja possível combater as injustiças baseadas no género, na classe e na raça. O sucesso deste tipo de reformas depende da capacidade de professores e gestores escolares assumirem a sua responsabilidade na matéria. Contudo, este aspecto tem sido bastante secundarizado nas políticas governamentais, como refere Kenway e Willis (1998, p. 166).

"As políticas governamentais para as reformas de género não têm sido muito claras sobre o processo de mudança educativa e sobre

---

[13] Recordamos que a inclusão de excertos de textos e referências ao "big brother" nos manuais de português foi alvo de movimentação por parte de alguns professores, mas que tal nunca se verificou com as questões de género, sendo, no entanto, a população docente predominantemente feminina. Sensibilizar para esta questão e para a necessidade de exercer controlo sobre esta temática seria, seguramente, da maior importância.

108 *Aprender a ser rapariga, aprender a ser rapaz: teorias e práticas da escola*

o desenvolvimento dos professores. A literatura feminista de investigação sobre o desenvolvimento dos professores para a mudança é praticamente inexistente. (...) Fora do campo da investigação-acção, que parece ser o favorito, os princípios aparecem claramente articulados, mas nunca criticamente examinados. Como resultado, ideias bastante ingénuas sobre o desenvolvimento dos professores e sobre as mudanças escolares informam as políticas de reforma do género e as práticas de desenvolvimento dos profissionais."

Ao nível internacional, as políticas governamentais sobre o papel atribuído aos professores nestes processos de mudança seguiram duas orientações distintas. Nos anos 70 e 80, acreditou-se que os professores poderiam implementar um processo de ensino baseado na justiça social, se lhes fosse dado o encorajamento e as condições necessárias para tal (Weiner, 1994), ou seja, trabalhando em colaboração, conduzindo processos de investigação-acção e adquirindo o conhecimento adequado sobre as problemáticas de género e a escola. Em suma, eram encorajados à reflexão, acreditando-se que os professores investiam na sua profissão e que eram capazes de um sentido de responsabilidade colectivo.

Embora estas concepções não tivessem sido originadas pela teoria e investigação feministas, iam de encontro às principais ideias feministas da época, que assumiam que se os professores e professoras tomassem consciência da sua cumplicidade nas desigualdades de género iriam envolver-se numa mudança positiva nestes domínios (Kenway & Willis, 1998).

O confronto com a realidade veio mostrar que as injustiças baseadas no género não são tão simples de eliminar e que grande parte dos professores e professoras revela alguma resistência face a estas questões. Promover mudanças ao nível do género envolve posicionamentos pessoais, principalmente nos professores do sexo masculino, mas não só, que não são comparáveis a outras alterações curriculares (Weiner, 1994). Assim, ter informação não significava necessariamente ter vontade de actuar de acordo com ela.

Actualmente, a ideologia dominante parece apontar para uma visão totalmente distinta dos professores, encarando-os como profissionais que têm que ser "dirigidos" para uma prática adequada (Kenway & Willis, 1998). Segundo Kenway e Willis (1998), para que os professores tenham uma postura capaz de provocar mudanças de género ao nível da sua prática profissional e da escola é necessário: (i) que possuam sentido da

Capítulo 4 – Reflexões Finais: Equacionando os Desafios 109

responsabilidade, que se traduza numa posição de boa vontade face às questões de género, apoiando o trabalho dos outros, mesmo quando não estejam directamente envolvidos nele; (ii) que sejam capazes de assumir a sua responsabilidade nos processos de desigualdade, que produzem e reproduzem através dos métodos de ensino, pois deste modo podem adquirir um conhecimento crítico sobre género, poder, escola e sociedade; (iii) que aceitem a responsabilidade pelos seus actos e pela falta de acção de alunos e alunas e outros professores; (iv) finalmente, que esta mesma acção seja vivida de forma colectiva, o que significa que, independentemente da forma como cada um pode participar, é o colectivo de professores que é responsável pela reforma. O resultado final não deve ser entendido como o resultado do esforço de cada um, mas antes como mudanças estruturais e culturais a nível organizacional, promovidas pelos responsáveis máximos da escola.

Em suma, a política governamental deve "fomentar o desejo de mudança nos professores, permitindo aos professores compreender o problema para o qual a reforma é a solução" (Kenway & Willis, 1998, p. 167).

Partindo do princípio de que este primeiro movimento de captação dos professores para a questão da justiça social e *empowerment* é conseguido, o trabalho subsequente em termos pedagógicos deverá dirigir-se para uma postura crítica face às "verdades universais" inscritas nos textos pedagógicos, fomentando a sua leitura subjectiva e permitindo um posicionamento dos alunos e das alunas face aos mesmos, através da leitura de textos alternativos ou de trabalho de pesquisa, de modo a possibilitar a emergência de contra-discursos ou discursos de resistência.

Em termos de concretização, estas perspectivas implicam, como já vimos, um trabalho colectivo e de colaboração entre os membros da equipa escolar, criando condições para a elaboração de textos a publicar, por exemplo, em jornais da escola, e a dinamização de seminários e conferências para os pais e mães, de modo a levá-los a compreender que determinadas práticas educativas não são "necessárias" ou "inevitáveis", mas consequência de determinadas políticas e ideologias e da influência de determinados contextos históricos e culturais.

No que diz respeito aos profissionais de orientação vocacional, tendo em consideração que as tomadas de decisão efectuadas pelos jovens de

110 *Aprender a ser rapariga, aprender a ser rapaz: teorias e práticas da escola*

ambos os sexos são influenciadas pelas suas concepções de masculinidade e feminilidade e que as opções concretizadas durante a adolescência, não sendo totalmente determinantes, têm, ainda assim, um peso considerável e influenciam uma grande variedade das nossas dimensões de vida, o papel que os psicólogos e profissionais de orientação podem ocupar nesta temática assume particular relevância, tanto mais que parece existir um certo desfasamento entre a produção teórica e empírica, por uma parte, e a prática profissional, por outra (Taveira, 2004).

Para que os profissionais de orientação possam levar a cabo uma prática que seja sensível ao género, necessitam de estar reunidas duas condições. Uma sólida formação neste domínio é fundamental, mas, tendo em conta que o papel do psicólogo se situa cada vez mais para além das paredes do gabinete e que passa cada vez mais por actividades de formação, consultadoria e intervenção organizacional, nada pode ser feito sem um verdadeiro empenho da escola na promoção de uma política de igualdade ao nível do género, como já anteriormente referimos.

Os/as psicólogos/as e profissionais de orientação vocacional encontram-se em posição de funcionar como importantes promotores dessa igualdade se tiverem consciência de que os processos de consulta psicológica se cruzam com orientações políticas de emancipação onde se enquadram o género, a classe social, a raça/etnia e a orientação sexual, como os mais relevantes. Neste sentido, também os profissionais de orientação "terão de se emancipar do 'politicamente correcto' que grassa nas instituições portuguesas, onde as questões do desenvolvimento da carreira não têm sido devidamente investigadas numa perspectiva de desenvolvimento pessoal e social" (Ferreira & Santos, 1998, p. 88), reflectindo acerca das suas próprias concepções sobre estas dimensões sociais e culturais. Com estas novas orientações guiando as suas concepções de intervenção, estarão mais aptos para colaborar na organização de debates, reuniões e seminários e facultar informação que sensibilize a reflexão sobre o modo como os estereótipos e visões essencialistas sobre o género são veiculados através do currículo oculto (Taveira, 2004). Estes profissionais podem ainda promover estratégias de exploração vocacional e de contacto com o mundo do trabalho (até mesmo através da infusão curricular) que permitam destruir preconceitos associados ao género e às profissões. Assumindo um papel mais preventivo e de consultadoria, os profissionais de orientação podem envolver pais, professores e a gestão escolar em questões de igualdade de género associadas à carreira (Taveira, 2004), tendo em conta que todos estes agentes educativos contribuem para a reprodução de desigualdades sociais e culturais através de um discurso difuso e oculto.

Para finalizar, dir-se-ia que todos os agentes educativos (pais, professores, directores escolares e profissionais de psicologia e orientação) têm de ser levados a compreender que a construção do género se processa pelo impacto que a família, a comunicação social e a sociedade em geral detêm nessa construção (Gilbert & Gilbert, 1988) e, como tal, que o significado de ser mulher e homem, bem como as relações sociais de género estão associados a contextos culturais específicos. Simultaneamente, é fundamental que todos possam entender como o género, a classe social e a raça fundamentam posições hierárquicas de uns relativamente aos outros, bem como o papel que o poder desempenha nestas relações.

Principalmente para professores, alunos, alunas e profissionais de psicologia, é importante aprender a respeitar a diversidade, valorizar as diferenças no processo de ensino/aprendizagem e promover a tolerância democrática através de uma consciência da parcialidade e multiplicidade de pontos de vista, pois só deste modo será possível que, no novo milénio, se caminhe para um horizonte mais emancipador, democrático e justo.

REFERÊNCIAS

ABRANCHES, G. & Carvalho, E. (1999). *Linguagem, poder, educação: O sexo dos B, A – BAs*. Lisboa: CIDM.

ADAMS, S. (1996). Women returners and fractured identities. In Nickie Charles & Felicia Hughes-Freeland (Eds.), *Practising feminism: identity, difference, power*. London: Routledge.

AFONSO, A. (1991). Relações de poder no quotidiano da sala de aula: elementos para uma análise sociológica e organizacional. *Cadernos de Ciências Sociais*, 10/11, 133-154.

ALCOFF, L. (1997) Cultural feminism versus post-structuralism: the identity crisis in feminist theory. In L. Nicholson (Ed.), *The second wave: a reader in feminist theory* (pp. 330-355). London: Routledge.

ALEGRIA, M. & Oliveira, M. (1994). *As mulheres na matemática*. Actas do ProfMat 94 (pp.181-189). Portugal: Associação de Professores de Matemática.

ALLOWAY, N. (1995). Surveillance or personnal empowerment?: Macro and micro-politics of gender and schooling. In Gender Equity Taskforce of the Ministerial Council on Education, Employment, Training and Youth Affairs (Ed.), *Proceedings of the promoting gender equity conference* (pp.81-100). Canberra: ACT Department of Education and Training, Publications and Public Communications.

ALMEIDA, M. V. (1995). *Senhores de si: uma interpretação antropológica da masculinidade*. Lisboa: Fim de Século.

AMÂNCIO, L. (1994). *Masculino e feminino: a construção social da diferença*. Porto: Edições Afrontamento.

ANTHIAS, F. & Yuval-Davis, N. (1996). Contextualizing feminism: gender, ethnic and class divisions. In L. McDowell & R. Pringle (Eds.). *Defining women: social institutions and gender divisions* (pp. 107--117). Cambridge: Polity Press.

ARNOT, M. & Weiner, G. (Eds) (1987). *Gender and the politics of schooling*. London: Hutchinson.

ASHMORE, R. D. (1990). Sex, gender and the individual. In L. A. Pervin (Ed.). *Handbook of personality: theory and research*. New York: The Guilford Press.

AWSEM (1997a). Facts in brief. In AWSEM *Gender Equity*. Disponível na world wide web em http://www.awsem.com.

AWSEM (1997b). In their nature: compelling reasons to engage girls in science. In AWSEM *Gender Equity*. Disponível na world wide web em http://www.awsem.com.

AWSEM (1997c). Gender equity and mentorship in science, engineering and mathematics. In AWSEM *Gender Equity*. Disponível na world wide web em http://www.awsem.com.

BANKS, O. (1986). *Becoming a feminist: the social origins of "first wave" feminism*. London: Wheatsheaf Books.

BARRENO, I. (1985). *O Falso neutro: um estudo sobre a discriminação sexual no ensino*. Lisboa: Instituto de Estudos para o Desenvolvimento.

BARRETT, M. (1997). Capitalism and women's liberation. In Linda Nicholson (Ed.), *The second wave: a reader in feminist theory* (pp. 123-130). London: Routledge.

BEASLEY, C. (1999). *What is feminism?: an introduction to feminist theory*. London: Sage Publications.

BEAUVOIR, S. (1976). *O segundo sexo*. Lisboa: Círculo de Leitores.

BEM, S. L. (1974). The measurements of psychological androgyny. *Journal of Counseling and Clinical Psychology, 42*, 155-162.

BEM, S. L. (1981). *Bem Sex-Role Inventory: Professional Manual*. Palo Alto: CA Consulting Psychologists.

BERNARD-POWERS, J. (1995). Out of the cameos and into the conversation: gender, social studies and curriculum transformation. In J. Gaskell & J. Willinsky (Eds.), *Gender in/forms curriculum: from enrichment to transformation*. Columbia: Teachers College Press.

BETTIE, J. (2003). *Women without class: girls, race, and identity*. London: University of California Press.

BETZ, N. E. & Hackett, G. (1983). The relationship of mathematics self-efficacy expectation to the selection of science-based college majors. *Journal of Vocactional Behavior,* 1-17.

BETZ, N. E. & L. F. Fitzgerald (1987). *The career psychology of women*. Orlando: Academic Press.

Referências

BOURDIEU, P. & Passeron, J. C. (1970). *La reproduction: éléments pour une theorie du système d'enseignement.* Paris: Les Editions de Minuit.

BROVERMAN, I. K., Broverman, D. M., Clarkson, F. E., & Rosenkrantz, P. S. (1972). Sex-roles stereotypes: a current appraisal. *Journal of Social Issues*, 28, 2, 58-78.

BROWN, P. (1987). *Schooling ordinary kids: inequality, unemployment and the new vocationalism.* London: Tavistock.

BUTLER, J. (1990). *Gender trouble: feminism and the subversion of identity.* New York: Routledge.

BURMAN, E. & Parker, I. (1993). *Discourse analytic research.* New York: Routledge.

CATE, R. & Sugawara, A. I. (1986). Sex role orientation and dimensions of self-esteeem among middle adolescence. *Sex Role*, 15, 145-158.

CHARLES, N. (1996). Feminist practices: identity, difference, power. In N. Charles & F. Hughes-Freeland (Eds.), *Practising Feminism: Identity, Difference, Power* (pp. 1-37). London: Routledge.

CLARK, A. (1998). Resistant boys and modern languages: a case of underachievement. In A. Clark & E. Millard (Eds.), *Gender in the secondary curriculum: balancing the books* (pp. 27-42). London: Routledge.

CONNELL, R. (1987). *Gender and power.* Cambridge: Polity Press.

CONNELL, R. (1989). Coll guys, swots and wimps: the interplay of masculinity and education. *Oxford Review of Education.* 15 (3), 291--303.

CONNELL, R. (1995). *Masculinities.* Sydney: Allen & Unwin.

COVA, A. (1997). Féminismes et maternité entre les deux guerres en France – les ambiguités et les divergences des feministes du passé. *Les Temps Modernes*, 593, 49-77.

COWAN, J. K. (1996). Being a feminist in contemporary Greece: similarity and difference reconsidered. In N. C. & F. Hughes-Freeland (Eds.), *Practising feminism: identity, difference, power.* London: Routledge.

DAVIDSON, K. G. (2000). Masculinities, sexualities and the student body: 'sorting' gender identities in school. In C. James (Ed.), *Experiencing difference* (pp. 44-52). Halifax: Fernwood Press.

DAVIES, B. & Harré, R. (1990). Positioning: the discursive production of selves. *Journal for the Theory of Social Behaviour*, 20, 43-63.

DAVIS, C. A. (1996). Nationalism: discourse and practice. In Nickie Charles & Felicia Hughes-Freeland (Eds.), *Practising feminism: identity, difference, power.* London: Routledge.

116 *Aprender a ser rapariga, aprender a ser rapaz: teorias e práticas da escola*

DAVIS, J. E. (2001). Transgressing the masculine: african american boys and the failure of schools. In W. Martino & B. Meyenn (Eds.), *What about the boys?* (pp. 140-153). Buckingham: Open University Press.

DELEUZE, G. & Guattari, F. (1987). *A thousand plateaus: capitalism and schizophrenia*. Minneapolis: University of Minnesota.

EAGLY, A. & Wood, W. (1982). Inferred sex differences in status as a determinant of gender stereotypes about social influence. *Journal of Personality and Social Psychology, 43*, 5, 915-928.

EAGLY, A. H. (1987). *Sex differences in social behaviour: A social-role interpretation*. New York: Erlbaum.

EURYDICE (2003). *Key data on education in Europe 2002*. Bruxelas: Comissão Europeia.

EVANS, J. (1994). *The woman question*. London: Sage Publications.

EVANS, J. (1995). *Feminist theory today: an introduction to second-wave feminism*. London: Sage.

FERREIRA, V. (1988). O feminismo na pós-modernidade. *Revista Crítica de Ciências Sociais, 24*, 93-106.

FERREIRA, J.A. & Santos, E.J.R. (1988). Factores e contextos vocacionais: novas orientações para um novo milénio. *Psychologica, 20*, 85-91.

FIRESTONE, S. (1981). *The dialectic of sex: the case for feminist revolution*. New York: Banton Book.

FLAX, J. (1990). *Thinking fragments: psychoanalysis, feminism and postmodernism in contemporary west*. Berkeley: University of California Press.

FONSECA, J. P. (1994). *Representações femininas nos manuais escolares de aprendizagem de leitura do 1º Ciclo do Ensino Básico*. Lisboa: C.I.D.M..

FONTAINE, A. M. (1995). Pedagogia e género: as dificuldades da igualdade. In Cadernos da Condição Feminina, n.º 42. *Em Busca de uma Pedagogia da Igualdade*. Lisboa: C.I.D.M..

FOUAD, N. A. & Brown, M. T. (2000). Role of race and social class in development: implications for counselling psychology. In S. D. Brown & R. W. Lent. (Eds.), *Handbook of counseling psychology* (3rd ed.) (pp. 379-408). New York: John Wiley & Sons, Inc.

FOUCAULT, M. (1974). *The archaeology of knowledge*. London: Tavistock.

FOUCAULT, M. (1994). *História da sexualidade I – A vontade de saber*. Lisboa: Relógio D'Água. (Originalmente publicado em 1976).

FOUCAULT, M. (1997). *A ordem do discurso – aula inaugural no Collège de France, pronunciada em 2 de Dezembro de 1970.* Lisboa: Relógio D'Água. (Originalmente publicado em 1971).

FOUCAULT, M. (2003). *Vigiar e punir: história da violência nas prisões* (Raquel Ramalhete, trad.). Petropolis: Editora Vozes (Originalmente publicada em 1975).

FRASER, N. & Nicholson, N. (1990). Social criticism without philosophy: an encounter between feminism and postmodernism. In L. N. (Ed.), *Feminism/posmodernism* (pp. 19-38). New York: Routledge.

FREUD, S. (1994). The social construction of gender. *Journal of Adult Development, 1*(1). 37-45.

GERGEN, M. (1989). Induction and construction: teetering between words. European *Journal of Social Psychology*, 19, 431-437.

GILBERT, R. & Gilbert, P. (1998). *Masculinity goes to school.* London: Routledge.

GIROUX, H. A (1991). Modernism, postmodernism, and feminism: rethinking the boundaries of educational discourse. In H. A. Giroux (Ed.), *Postmodernism, feminism, and cultural politics: Redrawing Educational Boundaries* (pp. 1-59). New York: New York Press.

GIROUX, H. A. (1997). *Pedagogy and the politics of hope: theory, culture, and schooling.* Oxford: Westview Press.

GOMES, P. B. (2001). Género, coeducação e educação física. *Ex aequo,* 4, pp. 13-26.

GREENWOOD, S. (1996). Feminist witchcraft: a transformatory politics. In N. Charles & F. Hughes-Freeland (Eds.), *Practising feminism: identity, difference, power.* London: Routledge.

HACKETT, G. & Betz, N. E. (1981). A self-efficacy approach to the career development of women. *Journal of Vocational Behavior, 18*, 326--339.

HACKETT, G. (1985). Role of mathematics self-efficacy in the choice of math-related majors of college women and men: a path analysis. *Journal of Counseling Psychology, 32*(1), 47-56.

HAGGERTY, S. M. (1995). Gender and teacher development: Issues of power and culture. *International Journal of Science Education, 17* (1), 1-15.

HAGGERTY, S. M. (1996). Toward a gender-inclusive science in schools. In L. H. Parker, L. J. Rennie & B. J. Fraser (Eds.), *Gender, science*

118 *Aprender a ser rapariga, aprender a ser rapaz: teorias e práticas da escola*

and mathematics: shortening the shadow (pp. 17-28). London: Kluwer Academic Publishers.

HARDING, J. (1996). Science in a masculine strait-jacket. In L. H. Parker, L. J. Rennie & B. J. Fraser (Eds.), *Gender, science and mathematics: shortening the shadow* (pp. 3-16). London: Kluwer Academic Publishers.

HARE-MUSTIN, R. T. & Marecek, J. (1990). On making a difference. In Hare-Mustin, Rachel e Marecek, Jean (Eds.), *Making a Difference: Psychology and the Construction of Gender* (pp. 1-21). London: Yale University Press.

HARGREAVES D. (1967). *Social relations in secondary school.* London: Routledge.

HARRÉ, R. & Gillet, G. (1994). *The discursive mind.* London: Sage

HARRÉ, R. & Lagenhove, L. V. (1999). The dynamics of social episodes. In R. Harré e L. V. Lagenhove (Eds). *Positioning theory: moral contexts of intentional action* (1-13). Malden: Blackwell.

HARTMANN, H. (1997). The unhappy marriage of marxism and feminism: towards a more progressive union. In L. Nicholson (Ed.), *The second wave: a reader in feminist theory* (pp. 97-122). London: Routledge (originalmente publicado em 1981).

HAYWOOD, C. & Mac an Ghaill, M. (2000). Schooling masculinities. In M. Mac an Ghaill (Ed), *Understanding Masculinities* (3ª ed.). Buckingham: Open University Press.

HENRIQUES, F. (1994). *Igualdades e diferenças: propostas pedagógicas.* Porto: Porto Editora.

HINSON, S. (1995). Rethinking sex-based harassment in australian schools: a practice-focused approach. In Gender Equity Taskforce of the Ministerial Council on Education, Employment, Training and Youth Affairs (Ed.), *Proceedings of the promoting gender equity conference* (pp. 137-160). Canberra: ACT Department of Education and Training, Publications and Public Communications.

ISAACSON, Z. (1989). Of course you could an engeneer, dear, but wouldn´t you rather be a nurse or teacher or secretary. In D. Pam (Ed.), *Gender and mathematics: an international perspective.* London: Cassel.

JAGGER, A. (1983). *Feminist politics and human nature.* New Jersey: Rowman & Allanheld.

JORGENSEN, M. & Phillips, L. (2002). *Discourse analysis as theory and method*. London: Sage.

KAHLE, J. B. (1996). Equitable science education: a discrepancy model. In L. H. Parker, L. J. Rennie & B. J. Fraser (Eds.), *Gender, science and mathematics: shortening the shadow*. London: Kluwer Academic Publishers.

KAPLAN, G. (1992). *Contemporary western european feminism*. London: Allen & Unwin.

KELLER, E. F. (1985). *Reflections on gender and science*. New Haven. Yale University Press.

KELLY, A. (1985). The construction of masculine science. *British Journal of Sociology of Education, (6),* 133-154.

KENWAY, J. & Willis, S. (1998). *Answering back*. London: Routledge.

KENWAY, J. (1995). Taking stock of gender reform in australian schools: past, present and future. In Gender Equity Taskforce of the Ministerial Council on Education, Employment, Training and Youth Affairs (Ed.), *Proceedings of the promoting gender equity conference* (pp. 29-56). Canberra: ACT Department of Education and Training, Publications and Public Communications.

KOPELOW, B. (1993). *Gender equity issues and challenges in physical education and sports*. Disponível na world wide web em http:// www. bctf.bc.ca/researchreport/94sw01.

LACEY, D. (1970). *Hightown grammar*. Manchester: Manchester University Press.

LAMAS, R. W. N. (1995). *Mulheres para além do seu tempo*. Lisboa: Bertrand.

LAREAU, A. (1992). Gender differences in parent involvement in schooling. Iny. Wrigley (Ed.), *Education and gender equality* (pp. 207-224). London: Falmer Press.

LEDER, G. C. (1986). Mathematics learning and socialization process. In L. Burton (Ed.), *Girls into maths can go*. Eastbourne: Holt, Rinehart & Winston.

LEDER, G. C. (1996). Equity in the mathematics classroom: beyond the rethoric. In Lesley H. Parker, Léonie J. Rennie & Barry J. Fraser (Eds.), *Gender, science and mathematics: shortening the shadow* (pp. 95-104). London: Kluver Academic Publishers.

LENGERMANN, P. M. & Niebrugge, J. (1996). Contemporary feminist theory. In George Ritzer (Ed.), *Sociological theory*. London: McGraw-Hill.

120 *Aprender a ser rapariga, aprender a ser rapaz: teorias e práticas da escola*

LIRES, M. A. & Comesaña, M. (2001). As mulheres na ciência: unha história de invisibilidade, atrancos e desconsideración. *Boletin das Ciências*, 46, 51-69.

LORENZI-CIOLDI, F. (1988). *Individus dominants et groupes dominés: images masculines et féminines*. Grenoble: Presses Universitaires de Grenoble.

LOTT, B. (1990). Dual natures or learned behavior: the challenge to feminist psychology. In Rachel T. Hare-Mustin & Jeanne Marecek (Eds), *Making a difference: psychology and the construction of gender* (pp.65-101). London: Yale University Press.

LOUVEAU, C. (2001). Desporto, mulheres, *media*: o corpo desejável das desportistas. *Ex aequo, 4,* pp. 57-74.

MAC AN GHAILL, M. (1988). *Young, gifted and black: student-teacher relations in schooling of black youth*. Buckingham: Open University Press.

MAC AN GHAILL, M. (1994*). The making of man: masculinities, sexualities and schooling*. Buckingham: Open University Press.

MACAULY, M. & Brice, C. (1997). Don´t touch my projectile: gender bias and stereotyping in syntactic examples. *Language, Journal of the Linguistic Society of America, 73* (4), pp. 798-825.

MACCOBY, E. E. (1980). *Social development: psychological growth and the parent-child relationship*. New York: Harcourt Brace Jovanovitch, Inc.

MACCOBY, E. E. (1988). Gender as a social category. *Developmental psychology, 24,* 6, 755-765.

MAGALHÃES, M. J. (1998). *Movimento feminista e educação: Portugal, décadas de 1970 e 1980*. Oeiras: Celta.

MARIVOET, S. (2001). O género e o desporto: hábitos e tendências. *Ex aequo, 4,* pp. 115-132.

MARTINO, W. (1995). Gender learning practices: exploring the costs of hegemonic masculinity for girls and boys in schools. In Gender Equity Taskforce of the Ministerial Council on Education, Employment, Training and Youth Affairs (Ed.), *Proceedings of the promoting gender equity conference* (pp. 343-364). Canberra: ACT Department of Education and Training, Publications and Public Communications.

MARTINO, W. (2001). Powerful people aren't usually real kind, friendly, open people! Boys interrogating masculinities at school. In W.

Martino & B. Meyenn (Eds), *What about the boys?* (pp. 82-95). Buckingham: Open University Press.

McDowell, L. & Pringle, R. (1996). Introduction: women as the 'Other'. In L. McDowell & R. Pringle (Eds.), *Defining women: social institutions and gender divisions* (pp. 3-7). Cambridge: Polity Press.

McDowell, L. & Pringle, R. (1996a). Defining public and private issues. In L. McDowell e R. Pringle (Eds.), *Defining women: social institutions and gender divisions* (pp. 9-17). Cambridge: Polity Press.

McKee, J. P. & Sheriffs, A. C. (1957). The differential evaluation of males and females. *Journal of Personality*, 25, 357-371.

McLaren, A. & Gaskell, J. (1995). Now you see it, now you don't: gender as an issue in school science. In J. Gaskell & J. Willinsky (Eds.), *Gender in/forms curriculum: from enrichment to transformation* (pp. 136-156). Columbia: Teachers College Press.

McLaren, P. (1986). *Schooling as a ritual performance*. London: Routledge & Kegan Paul.

McLaren, P. (1998). *Life in schools: an introduction to critical pedagogy in the foundations of education*. New York: Longman.

McLean, C. (1995). The costs of masculinity: placing men's pain in the context of male power. In Gender Equity Taskforce of the Ministerial Council on Education, Employment, Training and Youth Affairs (Ed.), *Proceedings of the promoting gender equity conference* (pp. 291-302). Canberra: ACT Department of Education and Training, Publications and Public Communications.

Miles, R. (1991). *The rites of man: love, sex and death in the making of male*. London: Grafton.

Millard, E. (1998). Balancing the books: tackling gender differences in reading. In A. Clark & E. Millard (Eds.), *Gender in the secondary curriculum: balancing the books* (pp. 43-59). London: Routledge.

Morawski, J. G. (1987). The troubled quest for masculinity, femininity and androgyny. In P. Shaver & C. Hendrick (Eds.). *Review of personality and social psychology: sex and gender* (44-69). New York: Sage Publications.

Nicholson, L. J. (1997). Feminism and marxism: integrating kinship with the economic. In L. Nicholson (Ed.), *The second wave: a reader in feminist theory* (pp. 131-146). London: Routledge.

Nicholson, L. J. (1996). Feminist theory: the private and the public. In Linda McDowell e Rosemary Pringle (Eds.), *Defining women: social*

122 *Aprender a ser rapariga, aprender a ser rapaz: teorias e práticas da escola*

institutions and gender divisions (pp. 36-43). Cambridge: Polity Press.

NICOLSON, P. (1996). *Gender, Power and Organization: A Psychological Perspective*. London: Routledge.

NOGUEIRA, C. (2000). Feminismo e psicologia social: contribuições para uma perspectiva crítica. In T. M. Toldy & J. C. Cardoso (Eds.), *A igualdade entre mulheres e homens na Europa às portas do século XXI*. Porto: Edições Universidade Fernando Pessoa.

NOGUEIRA, C. (2001). *Um novo olhar sobre as relações sociais de género*. Lisboa: Fundação Calouste Gulbenkian.

O'DONNELL, M. & Sharpe, S. (2000). *Uncertain masculinities: youth, ethnicity and class in contemporary Britain*. London: Routledge.

OLLIS, D. (1995). Gender and violence and the National Action Plan. In Gender Equity Taskforce of the Ministerial Council on Education, Employment, Training and Youth Affairs (Ed.), *Proceedings of the promoting gender equity conference* (pp. 381-390). Canberra: ACT Department of Education and Training, Publications and Public Communications.

PACHECO, J. A. (2001). Teoria curricular cútica: os dilemas (e contradições) dos educadores cúticos. *Revista Portuguesa de Educação*, 14 (1), 49-71.

PARKER, I. (1992). *Discourse dynamics: Critical analysis for social and individual psychology*. London: Routledge.

PARKER, I. (1997). Discursive psychology. In D. Fox & I. Prilleltensky (Eds.), *Critical psychology: an introduction* (pp. 284-298). London: Sage.

PARSONS, T. & Bales, R. F. (1955). *Family, socialization and interaction process*. New York: Free Press.

PHILLIPS, A. (1996). Classing the Women and Gendering the Class. In L. McDowell and R. Pringle. *Defining Women: Social Institutions and Gender Divisions*. Oxford: Blackwell Publishers, Lda.

PHILLIPS, A. (1996a). Feminism, equality and difference. In L. McDowell and R. Pringle. (Ed.), *Defining women: social institutions and gender divisions*. Oxford: Blackwell Publishers, Lda.

PINTO, P. (2002). *Desempenhos escolares de género e afirmação feminina num concelho rural*. Dissertação de Mestrado. Braga: Instituto de Educação e Psicologia, Universidade do Minho.

Referências

123

PINTO, T. (1999). Igualdade entre mulheres e homens em educação: Portugal no contexto europeu. In Universidade Fernando Pessoa (Ed.), *A igualdade entre mulheres e homens na Europa às portas do sec. XXI*. Porto: Universidade Fernando Pessoa.

PINTO, T. (2004, Maio). *Educação e políticas para a igualdade em Portugal: balanço e prospectiva*. Comunicação apresentada no Seminário Evocativo do 1.º Congresso Feminista e da Educação em Portugal. Lisboa.

Plataforma de acção de Pequim, 1995 – Iniciativas e acções futuras: igualdade de género, desenvolvimento e paz para o século XXI. Lisboa: CIDM.

POTTER, J. & Wheterell, M. (1987). *Discourse and social psychology*. London: Sage.

POTTER, J. (1996). *Representing reality: discourse, rhetoric and social construction*. London: Sage.

POTTER, J. (1997). Discourse analysis as a way of analysing naturally occurring talk. In D. Silverman (Ed.), *Qualitative research* (pp. 144--160). London: Sage.

POVEY, H. (1998). 'That spark from heaven' or 'of the earth': girls and boys and knowing mathematics. In A. Clark & E. Millard (Eds.), *Gender in the secondary curriculum: balancing the books* (pp. 131--1449. London: Routledge.

PRIEST, L. & Summerfileld, L. M. (1994). *Promoting gender equity in middle and secondary school sports programs*. Eric Clearinghouse on Teaching and Teacher Education, Washignton DC. Disponível na world wide web em http.\\www.ed.gov/databases/Eric_Digest/ed36766.html.

ROSENKRANTZ, P. S., Vogel, S. R., Bee, H., Broverman, I. K., Broverman, D. M., Clarkson, F. E., (1968). Sex-role stereotypes and self-concepts in college students. *Journal of Personality and Social Psychology*, 38, 142-152.

ROUBOTHAM, S. (1992), *Women in movement: Feminism and social action*. London: Routledge.

SAAVEDRA, L. (1995). *Identidade do génenro e escolha de carreira em adolescentes*. Dissertação de Mestrado. Braga: Instituto de Educação e Psicologia, Universidade do Minho.

SAAVEDRA, L. (2001). Sucesso/insucesso escolar: a importância do nível socio-económico e género. *Psicologia*, XV, 1, 67-92.

SAAVEDRA, L. (2001a). *Vozes de sucesso, vozes (silenciadas) de fracasso:*

género e classe social na escola. Dissertação de Doutoramento. Braga: Instituto de Educação e Psicologia, Universidade do Minho.

SAAVEDRA, L., Taveira, M. C. & Rosário, P. (2004). *Classe social no feminino: percursos e (co)incidências.* Braga: Centro de Investigação em Educação.

SAAVEDRA, L., Almeida, L., Gonçalves, A. & Soares, A. P. (2004). Pontos de partida, pontos de chegada: impacto de variáveis sócio-culturais no ingresso ao ensino superior. Sociedade e Cultura, 6, *Cadernos do Noroeste,* Série Sociologia, 22 (1-2), 63-84.

SANTOS, B. S. (1999). A construção multicultural da igualdade e da diferença. *Oficina do CES,* 135. Coimbra: Centro de Estudos Sociais.

SCAIFE, J. (1998). Science education for all? Toward more equitable science education. In A. Clark & E. Millard (Eds.), *Gender in the secondary curricular: balancing the books* (pp. 60-79). London: Routledge.

SCOTT, J. (1990). Deconstructing equality-versus-difference. In Marianne Hirsch & Evelyn Fox Keller (Eds), *Conflicts in feminism* (pp. 134-48). London: Routledge.

SILVA, M. R. T. (1992). *Feminismo em Portugal na voz das mulheres escritoras do início do séc. XX.* Lisboa: CIDM.

SKEGGS, B. (1997). *Formations of class & gender.* London: Sage Publications.

SKELTON, A. (1998). Eclipsed by Eton field? Physical education and equal opportunities. In Anne Clark & Elaine Millard (Eds.), *Gender in the secondary curriculum: balancing the books* (pp. 96-106). London: Routledge.

SKELTON, C. (2001). *Schooling the boys.* London: Open University Press.

SPIVAK, G. (1997). In a Word: intervew. In Linda Nicholson (Ed.), *The second wave: a reader in feminist theory* (pp. 356-378). London: Routledge.

TALBOT, M. (2001). Sem limites com excepção dos limites impostos pelos outros?: o papel da educação no desenvolvimento do desporto para mulheres. *Ex aequo, 4,* pp. 27-40.

TARIZZO, G. B. & Marchi, D. (1999). *Orientação e identidade de género: a relação pedagógica.* Lisboa: CIDM.

TAVARES, M. (2000). *Movimentos de mulheres em Portugal: décadas de 70 e 80.* Lisboa: Livros Horizonte.

TAVEIRA, M. C. (2004). O desenvolvimento vocacional na infância e na adolescência: sensibilidade às questões do género. *Psicologia, Educação e Cultura*, VIII, 1, 83-102.

The Feminist Majority Foundation (1995). *Empowering women in sports.* The Empowering Women Series, n.º 4. Disponível na world wide web em http://www.feminist.org/research/sports2.html.

TINOCO, J. (2003). *Diferenças entre géneros na matemática: convicções de professores e alunos.* Dissertação de Mestrado. Braga: Instituto de Educação e Psicologia, Universidade do Minho.

TOBIN, K., Kahle, J. B. & Fraser, B. J. (1990). *Windows into science classroom: problems associated with higher level cognitive learning in science.* London: Falmer Press.

UNGER, R. K. (1979). Toward a redefinition of sex and gender. *American Psychologist,* 34, 11, 1085-1094.

UNGER, R. K. (1990). Imperfect reflections of reality: Psychology Constructs Gender. In R. T. Hare-Mustin & J. Marecek (Eds.), *Making a difference: psychology and the construction of gender.* London: Yale University Press.

VAQUINHAS, I. (1995). Breves palavras a propósito da invisibilidade das mulheres nos programas de história dos ensinos básico e secundário. In Cadernos da Condição Feminina, n.º 42. *Em Busca de uma Pedagogia da Igualdade.* Lisboa: C.I.D.M.

VERTINSKY, P. A. (1995). Gender and the physical education curriculum: the dynamics of difference. In J. Gaskell & J. Willinsky (Eds.), *Gender in/forms curriculum: from enrichment to transformation* (pp. 230-245). Columbia: Teachers College Press.

WALKERDINE, V. (1988). *The Mastery of reason.* London: Routledge.

WALKERDINE, V. (1998). *Counting girls out: girls and mathematics.* London: Falmer Press. (New Edition).

WEEDON, C. (1987). *Feminist practice and poststruturalist theory.* N.Y.: Basil Blackwell.

WEINER, G. (1993). Shell-shock or sisterhood: english school history and feminist practice. In M. Arnot e K. Weiler (Eds.), *Feminism and social justice in education* (pp. 79-100). London: Falmer Press.

WEINER, G. (1994). *Feminisms in education: an introduction.* London: Open University Press.

WHITLEY, B. E. (1983). Sex role orientation and self-esteem: A critical meta-analytic review. *Journal of Personality and Social Psychology,* 44, 765-778.

126 *Aprender a ser rapariga, aprender a ser rapaz: teorias e práticas da escola*

WILLIG, C. (1999). Conclusion: opportunities and limitations of 'applied discourse analysis'. In C. Willig (Ed.), *Applied discourse analysis: social and psychological interventions* (pp. 145-159). Buckingham: Open University Press.

WILLIG, C. (1999a) Introduction: making a difference. In C. Willig (Ed.), *Applied discourse analysis: social and psychological interventions* (pp 1- 21). Buckingham: Open University Press.

WILLIS, P. (1977). *Learning to labour: how working class kids get working class jobs.* Aldershot: Gower.

WILLIS, S. (1996). Gender justice and the mathematics curriculum: four perspectives. In L. H. Parker, L. J. Rennie & B. J. Fraser (Eds.), *Gender, science and mathematics: shortening the shadow* (pp. 41--52). London: Kluver Academic Publishers.

Women Science Students and Science Faculty and Staff (1996). *Achieving gender equity in science classrooms.* New England: Brown University.

YATES, L. (1993). Feminism and Australian State Policy: Some Questions for de 1990s. In M. Arnot & K. Weiler (Eds.), *Feminism and social justice in education.* (pp. 167-185). London: The Falmer Press.

YOUNG, I. M. (1985). Humanism, gymnocentrism and feminist politics. *Women's International Studies Forum*, 8 (3).

ZUEL, B. (1994). What you boys should learn? *Sidney Morning Herald*, April.